KB165027

동물에게 다정한 법

동물을 변호합니다

동변(동물의 권리를 옹호하는 변호사들) 지음

동물에게
다정한
법

날

법학도가 되면 먼저 법학에 관한 개론 강의를 듣고, 그 과정에서 자연스럽게 '인권'이란 개념도 접합니다. 인간으로서의 존엄을 유지하기 위해 필요한 기본 권리이며 사람이면 누구나 누려야 하는 보편적인 권리, 인권. '인권 변호사'란 말이 낯설지 않은 걸로 봐서 '인권'이란 개념 역시 이제 이론적으로는 자리를 잡은 것 같습니다.

인권과 달리 '동물권'은 여전히 낯설어하는 분이 많습니다. 민법에 따르면 동물은 '물건'에 불과한데, 그런 동물의 '권리'를 말하는 것이니까요. 이런 사회의식의 영향인지 얼마 전까지만 해도 동물보호법이 있어도 동물 학대로 처벌받는 사람들은 드물었습니다. 동물 학대로 고발을 하면 경찰청을 비롯한 수사기관에서는 이런 걸 왜 고발하느냐며 냉소하는 일이 많았지요. 그나마 보호자가 있는 경우에는 보호자가 자신의 반려동물을 학대한 사람을 자기 '물건'의 효용을 침해했다는 이유로 손괴죄를 적용시켜 동물보호법 형량보다는 더 높게 처벌받게 할 수 있었습니다. (참고로 예전에는 동물보호법상 동물 학대의 형량이 손괴죄의 형량보다 낮아서 손괴죄가 적용되어야 더 강한 처벌을 받게 할 수 있었습니다.)

하지만 보호자가 없는 동물들을 학대한 경우에는 거의 처벌할 수 없었습니다. 동물을 잔인하게 죽인 사람에게 벌금형 정도가 내려졌고, 징역형이 내려져도 대부분 집행유예로 끝났지요. 실형을 받는 경우는 극히 드물었습니다.

2014년, 이런 법 현실에 문제의식을 가진 변호사들이 모였습니다. '(비인간)동물의 권리를 옹호하는 변호사들', 즉 동변의 시작이었습니다. 활동을 시작하자 동물권에 관심 있는 변호사들이 속속 모여들었습니다. 따로 모집 홍보를 하지 않았는데도 알음알음으로 찾아왔습니다. 동변 변호사들은 반려동물과 사는 이가 많습니다. (물론 그렇지 않은 이들도 있고요.) 이들은 동물도 인간처럼 존엄한 존재이므로, 기본적이고 보편적인 권리를 누려야 한다고 보았습니다. 그래서 자신을 변호할 수 없는 동물들을 변호하기로 한 것이지요.

동변은 매달 한 번씩 모여 동물권에 관해 공부하고, 동물권 확립을 위해 함께할 수 있는 활동을 논의했습니다. 동물에 관한 기존 판례를 찾아 평가해 보기도 하고, 외국에서 의미 있는 판결 사례가 나오면 번역해 공유하기도 했지요. 동물권과 관련된 재판이 있으면 의견서를 제출하기도 했고, 동물 학대 사건이 있으면 고발도 했습니다. 동물권 단체들과 연대해 소송, 제도 개선 활동 등을 했습니다.

이 책은 그동안 동변이 동물을 위해 맡은 사건과 고민했던 주제 중 11가지를 뽑아 이를 복기하면서 현행법의 문제를 짚고 어떻게 바꾸면 좋을지 모색한 것입니다. 이를 위해 외국에선 비슷한 사건을 어떻게 해결해 갔는지도 살펴보았습니다. 사건은, 동물을 보호해야 할 보호소마저 동물을 물건처럼 취급한 애린원·군산 유기 동물 보호소 사건부터 요즘 부쩍 늘고 있는 동물 학대 동영상 사건까지 우리 사회 동물들의 현주소를 그대로 드러낸 것들을 뽑았습니다.

동변 활동 후 의미 있는 변화들이 있었습니다. 개를 전기쇠꼬챙이로 죽이는 행위에 유죄 판결이 내려졌고, 동물 학대 형량이 조금 높아졌고, 실형 선고도 나오기 시작했습니다. 경찰청에서는 동물 학대 수사 매뉴얼을 전면 개편했고요. 물론 동변만이 변화를 이끌어 낸 것은 아닙니다. 많은 동물권 단체의 불굴의 활동이 있었고, 많은 시민이 동물권을 인식하면서 법도 시각을 바꾼 결과이지요.

이런 변화에도 여전히 우리 법은 동물에게 '다정하지' 않습니다. 동물들이 물건이 아닌 권리 주체로서 존중받는 세상을 위해 아직도 해야 할 일이 많습니다. 동변의 작은 날갯짓이 큰 파도로 확산되어 동물에게 다정하지 않은 지금의 법들이 더 많이 다정해지기를 바랍니다.

차 례

책을 내며   4

1   꽃마차의 무게 **채수지**   13

2   산천어 이송 과정에서 생기는 일들 **이현지**   27

3   죽인 동물을 동영상으로 찍어 올리는 행위 **송시현**   47

4   동물은 왜 계속 실험 재료가 되어야 할까 **김도희**   65

5   동물 해부 실습이 남긴 것 **권유림**   85

6   수족관에 갇힌 돌고래,
아니 인간을 관람한다는 것 **현소진**   95

7   시골 개는 괜찮은 걸까 **이솔비**   109

8   동물원 대신 생추어리로! **한주현**   123

9   애니멀 호더는 왜 사라지지 않을까 **권유림**   139

10   잘 죽이는 법 **김성우**   157

11   먹기 때문에 죽여야 한다 **김소리**   169

후기   194

주   197

일러두기

- 이 책에 쓰인 '동물'은 '비인간 동물'을 전제로 합니다.
- 법문이나 판결문의 '소유자'는 살리되, 그 외의 문장에서는 비인간 동물을 인간의 소유물로 여기는 소유자라는 말 대신에 '보호자'를 썼습니다.

1

꽃마차의
무게

채수지

호객을 하려고 음악을 크게 틀어 놓고, 휘황찬란한 조명과 꽃 장식을 달아 놓은 꽃마차. 한 번쯤 관광지에서 본 적이 있을 것 같습니다. 사실 꽃마차에 대한 동물 학대 논란은 오래되었습니다. 국내뿐 아니라 외국에서도 그렇습니다. 실제로 외국에서는 마차 운행 중에 말들이 무게를 이기지 못하고 주저앉거나 차량 경적 소리 혹은 구급차의 사이렌 소리에 놀라 예기치 못한 돌발 행동을 일으켜 말 자신뿐만 아니라 사람까지 다치거나 죽게 한 사건이 여럿 보고되고 있습니다. 우리나라에서는 2015년 경주에서 꽃마차를 끌다가 쓰러진 말을 마부가 걷어차고 채찍질하는 동영상이 공개돼 공분을 일으키기도 했지요. 이에 동변은 꽃마차를 끄는 말의 고통을 없애기 위해 입법 활동을 벌이기로 했습니다.

동물과 돈이 만나는 지점에는 늘 학대의 위험이 도사리고 있습니다. 동물이 돈벌이 수단이 되는 순간 동물은 '생산수단'이고, 동물의 복지는 '비용'이 되기 때문이죠. 먼저, 꽃마차를 끄는 말들이 어떤 학대를 당하는지 살펴보겠습니다.

꽃마차 운행에 이용되는 말들은 보통 경주용이나 승마용으로 뛰다가 퇴역한 노쇠한 말들입니다. KBS 드라마 <태종 이방원〉에서 낙마 촬영 후 죽은 '까미'도 은퇴한 경주마였습니다. 퇴역한 말들은 드라마 소품, 꽃마차의 말, 말고기 등 마지막까지 인간의 유희를 위해 이용되다 생을 마감합니다. 부상을 입고 있고 퇴행성관절염 등의 질병을 앓고 있는 경우가 많은데도 대부분의 꽃마차 사업주는 치료는커녕 적절한 휴식 시간도 주지 않고 장시간 일을 시킵니다. 최소 비용을 들여 최대 효과를 얻으려는 경제 원칙이 그대로 적용되었기 때문이죠.

또한, 말은 충격 흡수와 관절 건강을 위해 편자†가 꼭 필요한데, 대부분의 영세한 꽃마차 사업주는 편자를 붙이지 않거나 교체해 주지 않은 상태로 말들이 딱딱한 아스팔트 도로를 달리게 합니다. 말의 평균 몸무게는 400~500킬로그램인데, 국내에서 제작되는 꽃마차의 무게는 무려 700~1000킬로그램에 달합니다. 따라서 마차에 성인 6명을 태울 경우 말은 자기 몸무

† 편자 말굽에 대어 붙이는 'U' 자 모양의 쇳조각.

게의 세 배가 넘는 무게를 끌어야 하지요. 자연 척추와 다리에 극심한 고통을 느낄 수밖에 없습니다.

또한 꽃마차의 말들은 장시간 노동을 하기 때문에 쉽게 체중이 줄고 탈수 증상이 일어나 음식과 물을 제대로 공급하는 것이 매우 중요합니다. 하지만 사업주들은 말이 운행 시간에 아무 곳에다 배변하는 것을 막으려고 일할 때는 음식과 물을 아예 주지 않는 경우가 많습니다.

굶주림, 갈증만큼 말들을 괴롭히는 것이 날씨입니다. 사업주들은 매년 아주 무덥거나 추운 날에도 물과 먹이, 휴식 시간 없이 장시간 꽃마차를 끌게 합니다. 평균기온 35~40도로, 111년 만에 처음이라는 최악의 폭염을 기록한 2018년 여름에도 꽃마차는 계속 운행되었습니다. 이런 날씨는 말에게 경련, 열사병을 일으킬 수 있고 사망에까지 이르게 할 수 있습니다. 해외에서도 꽃마차 말들이 열사병으로 죽은 사례가 많습니다.

이뿐인가요. 꽃마차에 설치된 화려한 조명과 음악 소리가 크게 나오는 스피커 때문에 말들은 극도의 스트레스에 시달립니다. 말이 시각, 청각이 예민한 동물이란 점은 전혀 감안하지 않은 것이죠. 장시간 노동으로 신체, 정신적으로 매우 지친 말들에게 도로의 차량 경적 소리, 구급차의 사이렌 소리, 차량의 라이트 등은 큰 자극을 줍니다. 그럼 말들이 흥분해 돌발 행동을 일으킬 수 있습니다. 말 자신뿐 아니라 사람의 안전까지도 위험해질 수 있는 것이지요.

이처럼 꽃마차는, 인간에게는 한순간의 추억과 재미일 수 있겠지만 말에게는 벗어날 수 없는 잔인한 고통의 굴레일 뿐입니다.

채수지

2020년 4월, 미국 시카고시는 마차 운행 금지법을 통과시켰습니다. 솔트레이크시티, 미시시피주의 빌럭시, 뉴저지주의 캠던, 플로리다주의 여러 도시는 이미 마차 금지법을 시행하고 있었습니다. 시카고시는 마차 운행 금지법을 신설하기 이전에도 말을 하루에 최대 6시간만 일하게 했고, 매시간 최소한 15분 쉬게 했으며, 기온이 영하 9도 이하 또는 영상 32도 이상일 때도 일하지 못하게 했습니다. 교통이 혼잡한 시간대에는 교통사고 위험이 있어 승객을 태울 수 없게 하는 등 말의 복지를 위해 마차 운행을 규제했습니다.

캐나다 몬트리올시도 2019년 12월 마차 운행을 금지했습니다. 이 도시는 400년 이상 유럽 전통을 유지하고 있는 곳으로, 마차 산업이 관광객 유치에 중요한 수단이었는데도 그런 결정을 내린 거지요.

미국 뉴욕시 센트럴파크에 가 보면 공원 안에서뿐만 아니라 도로에서 수많은 마차가 운행되고 있는 걸 목격할 수 있습니다. 뉴욕시의 경우엔 아주 덥거나 추울 때는 마차 운행을 제한하고, 대기 시간에 말들이 공원에서 쉴 수 있도록 하는 등 말의 복지를 위한 법은 시행되고 있습니다. 지역 동물권 단체에서 마차 운행 금지법을 제정하기 위해 적극적인 활동도 펼치고 있고요.

이와 달리 우리나라는 현재 꽃마차가 전국 각지의 도로에서 어떠한 규제도 없이 운행되고 있습니다. 물론 동물보호법이 동물 학대로 금지하는 "그 밖에 수의학적 처치의 필요, 동물로 인한 사람의 생명·신체·재산의 피해 등 농림축산식품부령으로 정하는 정당한 사유 없이 신체적 고통을 주거나 상해를 입히는 행위"(제8조 제2항 제4호)에 해당할 수는 있을 겁니다. 하지만 위 조항 위반으로 처벌하기는 상당히 어려운 것이 현실이며, 2022년 4월 국회에서 통과된 동물보호법 개정안에 따르면 학대의 유형마저 대폭 감소한 실정입니다. 그래서 동변과 동물권 단체 하이는 도로교통법에 주목했습니다.

채수지

먼저 현행법에서 '도로'를 어떻게 정의하는지 살펴보았습니다. 도로는 도로교통법(제2조 제1호)에 따르면 크게 도로, 유료도로, 농어촌도로, 그 밖의 도로 4종류로 돼 있습니다. 좀 더 자세히 보면 아래와 같습니다.

가. 〈도로법〉에 따른 도로

나. 〈유료도로법〉에 따른 유료도로

다. 〈농어촌도로 정비법〉에 따른 농어촌도로

라. 그 밖에 현실적으로 불특정 다수의 사람 또는 차마車馬가 통행할 수 있도록 공개된 장소로서 안전하고 원활한 교통을 확보할 필요가 있는 장소

보도와 차도가 구분된 도로에서는 보행자는 보도로, 차마는

차도로 통행하도록 정해 놓았습니다(제2조 제4호·제10호, 제8조). 그리고 여기서 "차마_{車馬}"의 "차"의 정의에 "가축의 힘으로 도로에서 운전되는 것"을 포함함으로써 마차의 도로 통행을 허용하고 있습니다(제2조 제17호 가목 5).

동변은 이 제2조 제17호 가목 5 삭제를 담은 개정안을 국회의원실에 제안했습니다. 그러면 마차가 차도로 통행할 수 없게 되어 꽃마차 운행을 금지할 수 있기 때문이지요. 그 결과 2019년 12월과 2020년 12월 두 차례에 걸쳐 도로교통법 개정안이 발의*되었습니다. 하지만 마차의 운행 자체를 금지하는 내용은 아닙니다. 도로에서 가축의 힘으로 운전하는 차의 운전자가 도로를 통행할 때 준수할 사항이 담겼지요. "일정 기준 이상의 소음을 유발하거나 빛을 방사하지 않도록" 했고, 이를 위반할 경우 벌금이나 구류 또는 과료에 처하게 했습니다. 도로에서 마차 운행 자체를 금지하지 못해 아쉬움이 남기는 했지만, 소음과 빛 등에 대한 규제를 통해 말의 '복지'에 한발 나아간 규

발의 ① 국회의원 10인 이상이 찬성해 법률안이 만들어지면 ② 국회의장은 제안된 법률안을 의원들에게 배부하고 본회의에 보고한 후 이 법률안 소관인 상임위원회에 보내 심사하게 한다. ③ 상임위원회는 받은 법률안을 심사하고 토론을 거쳐 의결한다. ④ 의결을 마친 법률안은 법제사법위원회에 보내져 체계·자구 심사를 거치고, ⑤ 본회의에 상정되어 심사 보고, 질의·토론을 거쳐 재적의원 과반수의 출석과 출석의원 과반수의 찬성으로 의결된다. ⑥ 의결된 법률안은 정부에 이송되어 15일 이내에 대통령이 공포하고, ⑦ 대통령이 거부권을 행사하지 않을 경우 법률은 특별한 규정이 없으면 공포한 날로부터 20일이 경과되면 효력을 발생한다.

채수지

정이었습니다.

하지만 이 개정안들은 모두 국회에서 통과되지 못했습니다. 지금도 꽃마차는 해변, 관광지뿐만 아니라 오이도, 일산 등의 도심에서도 아무런 규제 없이 운행되고 있습니다.

4년 넘게 입법 활동을 했지만 애석하게도 꽃마차 금지까지는 갈 길이 먼 상황입니다. 어떻게 하면 꽃마차 말들의 고통을 끝낼 수 있을까요? 가장 확실한 방법은 타지 않는 것입니다. 너무나 당연한 말이지만, 수요가 없으면 공급도 없겠지요. 한순간의 즐거움을 위해 다른 생명의 고통을 소비하지 않는 것입니다.

두 번째 방법은 알리는 것입니다. 그동안 꽃마차의 흥겹고 화려한 외양만 바라보았을 수 있습니다. 그 속에 숨겨진 말의 눈물을 몰랐을 수 있습니다. 저 역시 마차는 아니었지만 중학생 때 해외 관광지에서 작은 조랑말을 타고 산길을 올랐던 경험을 고백합니다. 동물도 고통을 느끼는 존재라는 걸 자각한 이후 가끔 그 조랑말의 힘든 숨소리가 떠오릅니다. 자신을 변호할 수 없는 말을 위해 대신 목소리를 내면 좋겠습니다.[1]

채수지

실제로 하이는 2020년 10월경 경남 합천군청 관광진흥과에 전기 마차를 끄는 말들이 겪는 고통과 그런 마차의 동물 학대 요소를 지적하며 시민들의 목소리를 전달했고, 그 결과 합천 군청은 마차를 중단하고 전기차 운행을 시작했습니다. 누군가 목소리를 대신 내어 준 결과로 얻은 값진 소식이지요.

꽃마차 금지! 길고 지난한 과정이 되겠지만 시민들의 꾸준한 관심과 목소리가 있다면 우리에게도 시카고시처럼, 몬트리올 시처럼 언젠가 꽃마차 전면 금지가 이루어질 날이 오리라 믿습니다.

2

산천어 이송 과정에서
생기는 일들

이현지

사실 산천어에 크게 관심을 가진 적은 없습니다. 1급수 맑고 깨끗한 물에서 사는 민물고기라는 상식 정도만 갖고 있었지요. 이런 산천어에게 관심을 갖게 된 건 '산천어 축제 사건'을 접하면서입니다.

동물 복지법이 세계 최초로 생긴 나라가 영국입니다. 그래선지 동물 복지의 표준을 이끌어 간다는 자부심도 큰 나라이지요. 최근 영국에서는 문어, 게 등 무척추동물인 두족류†, 십각류†도 '지각 있는 존재'로 인정하는 동물 복지법 개정안이 통과되었습니다. 문어와 게도 고통을 느낀다는 것이지요. 동물 학대 형량이 다른 나라에 비해 턱없이 낮을 정도로 동물을 인간

🐙 **두족류** 머리에 발이 붙은 것이 특징이고 입 주변에 8~10개의 발이 달려 있다. 꼴뚜기·오징어·낙지 등이다.

🦀 **십각류** 가슴다리가 10개인 갑각류. 보리새우류·돌새우류·가재류·집게류·게 등이다.

과 대등한 한 생명체로 보는 인식이 낮은 우리 사회에서는 쉽게 납득이 되지 않는 장면일 것 같습니다.

하지만 학계 연구 결과를 보면 이런 영국의 움직임은 자연스러워 보입니다. 이전에는 물고기 뇌에 신피질이 없어 고통을 느끼지 않는다고 주장하는 이가 많았는데, 최근엔 행동학적 증거가 쌓이면서 물고기도 고통을 느끼는 지각 있는 존재로 보는 것이 학계의 주 흐름이니까요.

산천어 축제는 강원도 화천군에서 기획한 관광 상품입니다. 화천군은 2003년부터 매년 1월 산천어 축제를 열었습니다. 축제의 하이라이트는 '산천어 체험'입니다. 1인당 정해진 요금을 내면 체험을 할 수 있는데 체험 종류는 얼음낚시, 수상 낚시, 루어 낚시, 맨손 잡기, 밤낚시 등 다양합니다. 달리 무언가를 하기 어려운 한겨울에 여는 축제여서인지 산천어 축제는 성공한 대표적인 지역 축제로 인정받고, 자리도 잡았지요. 해마다 100만 명 이상의 방문객을 끌어모았습니다. 산천어 축제는 "대한민국이 가진 새로운 문화유산", "세계 4대 겨울 축제", "대한민국을 대표하는 문화관광축제" 등의 타이틀까지 얻습니다.

매년 최대 200톤의 산천어가 축제에 동원됩니다. 그런데 그 산천어들은 대체 어디에서 오는 것일까요? 산천어는 본래 수온이 섭씨 20도를 넘지 않는 강원도 영동 지역 하천에서 주로

이현지

서식합니다. 즉, 자연 상태에서는 축제가 벌어지는 영서 지역의 화천군에서는 발견될 수 없지요. 그런데 단지 축제에서 놀잇감이 되고 끝내는 '죽기' 위해 산천어들은 연고도 없는 화천군으로 강제로 옮겨집니다.

쫄쫄 굶기는 이유

　단순히 옮겨지기만 하는 게 아닙니다. 산천어들은 고향을 떠나는 순간부터 축제가 끝날 때까지 굶주립니다. 사료를 주지 않아 굶는 것이지요. 왜 굶길까요? 배가 고파야 미끼를 바로 물 수 있고, 그래야 방문객들이 보람과 즐거움을 느낄 수 있기 때문이지요.

　산천어들은 동족들과 빼곡히 차에 실려 굶주린 상태로 여기저기 부딪히며 화천으로 옮겨집니다. 이동 과정에서 충격을 받아 기절하거나 죽는 산천어도 많고 멀미를 해서 토하는 산천어도 있습니다. 어쩌면 이동 과정에서 죽은 산천어가 운이 좋은 것일지도 모릅니다. 화천에 도착한 산천어들에게 닥칠 고통과 비극을 생각하면요.

　화천에 도착한 산천어들은 잠시 숨을 돌릴 겨를도 없이 바로 축제에 투입됩니다. 여기저기서 미끼가 내려오니 황급히 뭅

　　　　　　　　　　　　　　　　이현지

니다. 그렇게, 그들은 살아남기 위해 죽음의 독을 삼키고 물 위로 끌어올려집니다. 축제 참가자들은 고통과 공포에 몸부림치는 그 산천어들을 손으로 들어 올리며 사진을 찍고 웃습니다. 산천어들은 낚싯바늘에 상처 입은 쓰라린 입으로 숨을 가쁘게 몰아쉬다 정신을 잃고 마침내 죽음에 이릅니다.

몇몇 산천어는 끝끝내 미끼를 물지 않고 축제가 끝날 때까지 버티기도 합니다. 하지만 운 좋게 살아남았더라도 고향으로 돌아갈 수는 없습니다. 포획되어 횟감으로 넘겨지거나 어묵 재료로 쓰입니다. 이런 불운을 피했더라도 수온이 맞지 않는 곳에 방치되어 더위 속에서 죽어 갑니다. 최대 200톤의 산천어가 한 달도 안 돼 한 마리도 남김없이 '몰살'되는 겁니다. 이것이 산천어 축제의 민낯입니다.

물고기의 고통을 증명한 과학

보통 포유류나 조류 등이 고통을 느낀다는 것에는 많은 사람이 공감합니다. 그런데 어류도 고통을 느낀다고 하면 의혹 어린 눈빛을 보내는 분이 많습니다. 하지만 앞서 언급했듯이 학계 연구 결과에 따르면, 산천어 같은 어류도 분명 신체적 고통뿐 아니라 정신적 고통도 느낍니다. 동물행동학자 조너선 밸컴은 자신의 책 《물고기는 알고 있다》에서 포유류의 신피질에 필적하는 물고기의 뇌 영역은 겉질인데, 물고기의 겉질은 학습·기억·개체 인식·놀이·도구 사용·협동·계산 등 다양한 기능을 수행하며, 물고기 안엔 통증을 인식할 수 있는 시스템도 있어 물고기가 통증과 관련된 생리, 행동적 특징을 모두 보인다고 했습니다.[2] 오스트레일리아 매쿼리 대학교 컬럼 브라운 교수는 논문 〈물고기의 지능, 감각과 윤리〉에서 "단언컨대 물고기도 고통을 인식하고, 진통과 관련한 모든 생리적 시스템을

이현지

갖고 있으며, 그 시스템은 사람의 시스템과 놀라울 정도로 유사하다"고 밝혔습니다.[3] 미국 펜실베이니아 주립대학교 빅토리아 브레이스웨이트 어류학자와 영국 리버풀 대학교 린 스네든 동물학자의 실험 결과에 따르면, 입 부위에 벌 독이나 식초를 주입한 무지개송어는 식욕을 잃고 호흡이 가빠지며 주둥이를 수조 벽에 문지르는 행동을 했는데 진통제인 모르핀을 투여한 결과 이상행동이 사라졌습니다.[4]

꼭 이렇게 실험 결과로 증명하지 않아도, 우리는 물고기들이 두려움과 고통을 인식하고 이런 상태에서 벗어나려 한다는 것을 일상생활에서 흔히 접할 수 있습니다. 우리가 어항에 손을 넣으면 열대어들은 잡히지 않으려고 재빨리 피하고, 해물탕의 산낙지는 국물이 끓어오르면 밖으로 빠져나오려 몸부림치고 실제로 빠져나오기도 합니다. 비록 우리 중 많은 이가 이런 물고기들의 고통을 보고 듣고도 알아채지 못하지만, 그들은 분명 고통과 공포를 느끼고 표현하고 있습니다. 축제에 강제 동원된 산천어들도 마찬가지이고요.

산천어들에 대한 이런 시각을 누군가는 마뜩찮게 생각할지 모르겠습니다. 그럼, 고등어·꽁치·참치·연어 등은 왜 먹느냐면서요. 다른 물고기들은 먹을거리로 잘 먹으면서 유독 산천어 축제만 비판하는 것은 위선이라고 지적할지 모릅니다. 하지만 인간이 어쩔 수 없이 다른 종을 희생시켜야 할 경우엔 '최소한'

에 그쳐야 하고, 죽음은 최대한 신속히, 고통을 덜 느끼는 방법으로 이르게 해야 합니다. 이것이 생명 존중 정신에 부합하는 행동이기 때문이지요.

　그런데 축제에 동원된 200톤이 넘는 산천어는 인간의 '잠깐의 즐거움'을 위해 고통을 겪고, 더욱이 고통 속에서 천천히 죽어 가야 한다는 데 문제가 있습니다. 공적 역할을 수행하는 지방자치단체(이하 지자체)가 생명을 학대, 몰살하는 행사를 "축제"라고 치장하여 참여자를 모집하는 것은, 생명을 경시하는 태도를 갖도록 조장하는 것이어서 사회문화적으로도 바람직해 보이지 않습니다.

이현지

 이런 이유들로 산천어 축제를 그냥 보고만 있을 수는 없었습니다. 2020년 1월, 동변은 동물권 단체들(동물해방물결, 동물을 위한행동, 시셰퍼드 코리아, 동물자유연대, 동물구조119, 동물권행동 카라, 녹색당 동물권준비위원회)을 대리해 산천어 축제 주최자들(재단법인 나라와 강원도 화천군수)을 동물보호법 위반(제4조 제1항 제1호·제4호·제6호, 제8조 제1항 제2호, 제8조 제2항 제3호, 제9조 제1항 제1호)으로 고발했습니다.

> ·국가는 동물의 적정한 보호·관리를 위하여 5년마다 다음 각 호의 사항이 포함된 동물 복지종합계획을 수립·시행하여야 하며, 지방자치단체는 국가의 계획에 적극 협조하여야 한다.(제4조 제1항)
> – 동물 학대 방지와 동물 복지에 관한 기본 방침(제1호)

－ 동물 학대 방지, 동물 복지 및 동물실험윤리 등의 교육·홍보에 관한 사항(제4호)

－ 그 밖에 동물 학대 방지와 동물 복지에 필요한 사항(제6호)

• 누구든지 동물에 대하여 다음 각 호의 행위를 하여서는 아니 된다.(제8조 제1항)

－ 노상 등 공개된 장소에서 죽이거나 같은 종류의 다른 동물이 보는 앞에서 죽이는 행위(제2호)

• 누구든지 동물에 대하여 다음 각 호의 학대 행위를 하여서는 아니 된다.(제8조 제2항)

－ 도박·광고·오락·유흥 등의 목적으로 동물에게 상해를 입히는 행위. 다만, 민속경기 등 농림축산식품부령으로 정하는 경우는 제외한다.(제3호)

• 동물을 운송하는 자 중 농림축산식품부령으로 정하는 자는 다음 각 호의 사항을 준수하여야 한다.(제9조 제1항)

－ 운송 중인 동물에게 적합한 사료와 물을 공급하고, 급격한 출발·제동 등으로 충격과 상해를 입지 아니하도록 할 것(제1호)

동변은, 재단법인 나라와 화천군수는 동물을 보호·관리하

이현지

고 동물 복지를 위해 애써야 할 공공 기관인데, 도리어 동물 학대 행사를 적극 추진함으로써 동물보호법에 명시된 위와 같은 책무들을 저버렸다고 주장했습니다. 또한 단지 오락, 유흥 등의 목적으로 산천어들을 공개된 장소에서 죽이거나 같은 산천어들이 보는 앞에서 죽음에 이르게 한 점 등도 지적했습니다.

동변은 나라와 화천군수를 동물보호법 위반죄의 정범† 내지는 방조범으로 처벌해야 한다고 주장했습니다. 하지만 춘천지방검찰청은 다음과 같은 이유를 들어 '범죄 혐의 없음'으로 판단했습니다.

① 국내외에 산천어 축제처럼 물고기를 맨손으로 잡아 바로 먹는 행사가 많다.
② 이 축제에 관한 홈페이지, 현수막, 플랜카드, 안내문 등을 살펴볼 때, 산천어 축제는 식용 목적인 산천어를 대상으로 하는 축제임이 명백하다.
③ 동물보호법상 식용 목적의 어류는 보호 대상이 아니다.
④ 산천어 축제에 활용되는 산천어는 애초부터 식용을 목적으로 양식되었다.

정범 자기 의사에 따라 범죄를 실제로 저지른 사람을 말한다. 크게 단독 정범과 공동 정범으로 나눈다.

2020년 6월경 동변은 다음과 같은 이유를 들어 불복하고, 항고했습니다.

① 국내외에 유사한 축제가 있다고 해서 산천어 축제의 불법성이 치유될 수는 없다.

② 산천어 축제에 동원되는 산천어들이 온전히 식용에 목적을 두었다고 볼 수 없고, 산천어 축제의 주된 목적은 유희와 오락이므로, 산천어들을 동물보호법상 보호되는 '동물'로 보아야 한다.

③ 설령 식용 목적임이 인정된다 할지라도, 잔인하게 도살하는 행위는 금지되어야 마땅하다는 대법원 판례가 있다.

④ 검사가 재단법인 나라와 강원도 화천군수의 동물보호법 위반죄의 방조범 성립 여부를 판단하지 않은 것은 수사를 미진하게 하였거나 판단을 누락한 것이어서 위법하다.

그러나 서울서부지방검찰청은 춘천지방검찰청과 마찬가지의 이유로 항고를 각하했습니다.

이현지

물고기에게 '복지'를!

해외에서는 물고기를 포함한 수생생물의 고통과 복지에 대한 연구가 계속되고 있습니다. 이런 연구 결과를 바탕으로 물고기도 고통을 느낄 수 있음을 인정하고, 이에 근거해서 수생생물도 불필요한 학대와 살생 행위로부터 보호받아야 한다는 사회적인 합의가 이루어졌습니다. 대표적으로 스위스는 동물보호법 시행령[5]으로 다음과 같은 행위를 금지하고 있습니다.

① 단순히 다시 물에 풀어 줄 의도로 낚시하는 행위

② 살아 있는 물고기를 미끼로 사용하는 행위

③ 갈고리바늘을 사용하여 낚시하는 행위

④ 살아 있는 물고기를 얼음 위나 얼음물 속으로 옮기는 행위

⑤ 십각류의 부드러운 부분을 손상시키는 도구를 사용하는 행위

또한, 식용으로 바닷가재를 사용할 경우, 바닷가재를 먼저 기절시킨 후 끓는 물에 넣도록 규정해 놓았습니다.

노르웨이도 동물보호법의 보호 대상에 물고기를 포함시켰습니다. 어쩔 수 없이 물고기를 죽여야 할 경우에는 "동물 복지를 고려하는 방향"으로 하도록 권고하며, 물고기를 죽일 때 사용하는 도구도 목적에 적합한 것이어야 한다고 동물보호법에 정해 놓았습니다. 또한 사람들이 소유하거나 관리하는 물고기를 죽일 경우 그 전에 반드시 기절시켜야 하고, 기절시키거나 죽일 때는 의식을 즉시 잃도록 하여 고통을 최소화하는 방법을 사용해야 한다고 명시하고 있습니다. 특히 유희나 경쟁만을 위한 목적으로 물고기를 살해해서는 안 된다는 것을 법문에 분명히 적시해 놓았습니다.[6]

세계동물보건기구OIE는 2008년에 처음 수생동물 복지 가이드라인Aquatic Animal Health Code을 제정한 후 계속 업데이트하고 있습니다. 가이드라인 제7장이 양식 어종의 복지에 관한 내

🦐 십각류 사건 이탈리아에선 살아 있는 바닷가재를 얼음 위에 고정시켜 전시한 식당 운영자를 '동물 학대'로 유죄를 선고했다. 스위스도 바닷가재를 고등 신경계를 지닌 동물로 인정하기 때문에 산 채로 끓는 물에 넣는 행위를 동물 학대로 규정하고 벌금형을 부과한다.

용입니다.

> 사람은 어류를 이용할 때 가능한 범위에서 최대한의 복지를 제공해야 할 윤리적 책임을 진다. 어류를 수송할 경우엔 부상과 스트레스를 피할 수 있는 방법으로 해야 하고, 만약 살처분이 필요한 경우라면 가능한 한 인도적인 방법으로 해야 한다. 식용 목적으로 양식 어류를 죽여야 할 경우에도 기절시킨 후 죽여야 하며, 수온을 낮추어 죽이거나 물에서 꺼내어 질식사시키는 방법 등은 어류의 복지를 해치므로 다른 방법이 불가능할 경우에만 예외적으로 선택할 것을 권고한다.[7]

이처럼 일부 선진국들은 꽤 오래전부터 어류의 고통과 복지에 대해 고찰하여 법과 제도를 정비, 마련해 왔습니다. 우리나라도 이전에 비하면 동물 복지에 대한 인식이 높아진 것이 사실입니다. 하지만 식용 어류가 동물보호법 대상에서 제외된 것만 보더라도 물고기들에 대한 최소한의 복지 기준을 마련해놓지 못한 것이 우리 현실입니다. 아직 갈 길이 먼 듯합니다.

축제가 아닌 '학살'일지도

　사람들에게는 살아 있는 산천어를 손수 잡아 볼 수 있는 즐거운 축제지만, 산천어 입장에서는 '학살'이지 않을까요. 숨이 멎는 그 순간까지도 산천어들은 자신들의 고통과 죽음이 타인들의 재미와 즐거움이 되는 기괴한 현상을 납득하지 못할 것입니다. 앞의 여러 설명에도 끝끝내 누군가는 물고기는 감각이 없고, 고통을 피하려는 판단을 하지 못하니까 괜찮다고 합리화할지 모릅니다.

　하지만 물 밖으로 나온 물고기들이 숨이 막혀 어떻게든 그 상황에서 벗어나려고 몸부림치는 모습과 수조 속에 손을 넣었을 때 그 손을 피해 다니는 물고기들을 보지 않은 사람이 있을까요. 그러므로 우리는 이미 알고 있는지 모릅니다. 물고기가 고통과 두려움을 인식하고 느낀다는 것을요.

　모든 생명은 소중하다는 생명 존중의 원칙이 강아지, 고양이

이현지

등 우리와 친숙하고 가까운 동물을 넘어 물고기들에게로 확산되는 세상. 불필요한 살생은 자제하고, 부득이한 살생도 윤리적으로 행해질 수 있는 세상. 그런 세상이 올 때 비로소 우리의 정신과 문화도 건강해질 수 있을 겁니다. 산천어 사건을 진행하고 있을 때 세계적인 환경운동가이자 동물학자인 제인 구달이 보내온 메시지를 전하며 글을 마칩니다.

"오늘 같은 시대에 여전히, 인간의 쾌락을 위해 동물을 착취하고 고문하는 일이 누군가에겐 당연시된다는 것은 정말 놀랍고 소름 끼치는 일입니다. (…) 이제 우리는 과학을 통해서 압니다. 수많은 동물이 슬픔·우울·두려움·만족·기쁨을 느낀다는 것과, 그중에서도 고통은 거의 모든 종이 느낀다는 점을요. 저는 한국을 좋아하고, 수많은 한국 친구가 있습니다. 그래서 화천 산천어 축제에 대해 알게 되어 슬픕니다. 얼음 아래 갇힌 수천 마리의 어류를 잡고 먹으며 즐긴다니 참으로 끔찍한 일입니다."

죽인 동물을 동영상으로
찍어 올리는 행위

송시현

어느 날 한 동물권 단체가 급하게 연락을 해 왔습니다. 동물학대로 고발한 사건을 경찰에서 불기소 의견✦으로 결정할 것 같다며 도움을 요청한 겁니다.

사건의 전말은 이랬습니다. 반려견이 진돗개인 사람들이 모여 있는 온라인 커뮤니티에 동영상이 하나 올라왔습니다. 제목은 "XX(진돗개 이름)이가 또 잡네요~ 벌써 12마리째 길거리 고양이"였고, 동영상은 목줄을 하지 않은 진돗개가 고양이를 죽이고 있는 장면을 찍은 것이었습니다. 그 개는 사냥이라도 하듯 고양이 목을 꽉 문 채 내동댕이치고, 소리를 치며 고통스러워하는 고양이를 물고 멀리 뛰어갔습니다. 동영상에서 보호자

✦ **불기소 의견** 사건이 죄로 보이지 않으니 검사에게 공소를 제기하지 말아 달라고 보내는 의견.

인 피고인은 "잘한다! 잘한다!" 하며 진돗개의 행동을 더욱 부추겼습니다. 명백한 동물 학대였습니다.

먼저 피고인이, 진돗개가 길고양이를 물어 죽게 한 경우에는 동물보호법의 "목을 매다는 등의 잔인한 방법으로 죽음에 이르게 하는 행위"(제8조 제1항 제1호) 위반에 해당됩니다. 고양이의 생존 여부는 확인되지 않았지만 그 정도로 물린 고양이가 살아 있을 가능성은 희박해 보입니다.

또한 피고인은 동영상 제목에서 자기 개가 고양이를 "또 잡았다"고 표현했습니다. 보통 동물을 잡는다는 것은 "죽인다"를 뜻하고, 표준국어대사전에서도 "잡다"는 "짐승을 죽이다"로 풀이해 놓았습니다. 이러저러한 상황으로 볼 때 동영상의 고양이는 죽었을 것 같습니다. 이렇게 동물을 잔인한 방법으로 죽일 경우 3년 이하의 징역 또는 3천만 원 이하의 벌금형에 처해질 수 있습니다.

만일 고양이가 다치기만 했다면, 동물보호법 제8조 제2항 제1호 또는 제4호 위반입니다.

· "도구·약물 등 물리적·화학적 방법을 사용하여 상해를 입히는 행위"(제1호)

· "수의학적 처치의 필요, 동물로 인한 사람의 생명·신체·재산의 피해

다시 말해 피고인은 자신의 반려견을 도구로 이용하여 동물에게 상해를 입힌 것이고, 정당한 사유 없이 길고양이에게 신체적 고통을 주거나 상해를 입히는 행위를 한 것입니다. 이 경우 2년 이하의 징역 또는 2천만 원 이하의 벌금형에 처하고 있습니다.

이 사건이 있기 전에 아주 유사한 사건이 법원의 판단을 받았습니다. 이 사건의 피고인은 반려견과 산책할 때 목줄과 같은 안전 조치를 하지 않았습니다. 그리고 반려견(풍산개)이 근처에 있던 길고양이를 공격해 죽이게 했고 그 과정을 동영상으로 찍어 온라인 커뮤니티에 올렸습니다.

법원은 아래 네 가지 이유를 들어 피고인에게 동물보호법 위반으로 유죄를 선고했습니다. (다음은 판결문을 이해하기 쉽게 정리한 것입니다.)

① 사건 범행 장소가 인적이 드물지 않은 장소다. 피고인은 목줄을 풀어 놓을 경우 피고인의 개가 주변에 있는 동물을 공격할 것이라고 예상할 수 있었다.

② 피고인은 호전적인 풍산개의 습성을 잘 알고 있으면서

이전에도 목줄을 풀어 놓아 다른 동물을 공격하게 했다.

③ 반려견이 고양이와 싸우는 것을 보고도 말리지 않고 되레 "물어! 옳지!"라고 말하여 개의 공격성을 부추기고 이를 동영상으로 촬영까지 했다.

④ 나아가 동영상을 포털사이트에 올리고, 풍산개 분양 사이트에서 개의 호전성을 과시하며 개를 판매하겠다는 취지의 의사 표시까지 했다.

피고인의 고의를 인정한 것이지요. 이 판결에 비추어 볼 때 이번 사건도 동일한 논리로 유죄를 선고하는 것이 가능해 보였습니다.

① 먼저 이 사건의 진돗개는 이미 12번이나 길고양이를 공격했다. 피고인은 반려견에게 목줄 같은 안전 조치를 하지 않을 경우 주변의 길고양이를 공격하리란 것을 충분히 예상할 수 있었다.

② 또한 자신의 반려견이 12차례나 다른 동물을 공격하는 등 호전적인 습성이 있다는 사실을 잘 알면서도 도리어 이러한 반려견의 습성을 이용해 목줄을 풀어 놓는 방법으로 길고양이를 공격하게 했다.

③ 자신의 개가 고양이를 물어뜯어 죽이는 것을 보고도 이

를 말리지 않고 "잘한다! 잘한다!" 하며 개의 공격성을 부추기고 이 과정을 동영상으로 촬영까지 했다.

④ 그리고 이 동영상을 온라인 커뮤니티에 올려 반려견의 호전성을 과시하기까지 했다.

분명 다른 사건인데도 복사라도 한 것처럼 두 사건이 똑 닮았습니다.

한편, 피고인이 동물 학대 동영상을 인터넷 커뮤니티에 올린 것은 아무 죄에도 해당하지 않을까요? 그렇지 않습니다. 동물보호법 제8조 제5항 제1호에서는 "제8조 제1항부터 제3항까지에 해당하는 행위를 촬영한 사진 또는 영상물을 판매·전시·전달·상영하거나 인터넷에 게재하는 행위"를 금지하고 있습니다. 제1항부터 제3항까지에 해당하는 행위들은 다음과 같습니다.

· 목을 매다는 등의 잔인한 방법으로 죽음에 이르게 하는 행위
· 노상 등 공개된 장소에서 죽이거나 같은 종류의 다른 동물이 보는 앞에서 죽음에 이르게 하는 행위
· 고의로 사료 또는 물을 주지 아니하는 행위로 인하여 동물을 죽음에 이르

송시현

게 하는 행위

- 그 밖에 수의학적 처치의 필요, 동물로 인한 사람의 생명·신체·재산의
피해 등 농림축산식품부령으로 정하는 정당한 사유 없이 죽음에 이르게
하는 행위

- 도구·약물 등 물리적·화학적 방법을 사용하여 상해를 입히는 행위

- 살아 있는 상태에서 동물의 신체를 손상하거나 체액을 채취하거나 체액
을 채취하기 위한 장치를 설치하는 행위

- 도박·광고·오락·유흥 등의 목적으로 동물에게 상해를 입히는 행위

- 반려동물에게 최소한의 사육 공간 제공 등 농림축산식품부령으로 정하는
사육·관리 의무를 위반하여 상해를 입히거나 질병을 유발시키는 행위

- 그 밖에 수의학적 처치의 필요, 동물로 인한 사람의 생명·신체·재산의
피해 등 농림축산식품부령으로 정하는 정당한 사유 없이 신체적 고통을
주거나 상해를 입히는 행위

- 유실·유기 동물, 피학대 동물 중 소유자를 알 수 없는 동물을 포획하여 판
매하거나 죽이는 행위, 판매하거나 죽일 목적으로 포획하는 행위 또는 알
선·구매하는 행위

제8조 제5항 제1호를 위반할 경우엔 300만 원 이하의 벌금
에 처해질 수 있는데, 피고인의 위반은 명백했습니다. 동변에서
는 피고인을 엄중히 처벌해 달라는 의견서를 관할 경찰서에 제
출했습니다. 그리고 결과를 기다렸지요. 며칠 후 경찰에서 기

소 의견*으로 검찰에 송치했다는 연락을 받았습니다. 처음부터 동물보호법 위반으로 보았어야 할 사건이 어렵사리 제자리를 찾아간 것이지요.

기소 의견 사건의 행위가 죄가 될 것으로 보이니 검사에게 공소를 제기해 달라는 의견.

송시현

인터넷과 스마트폰이 커뮤니케이션의 중심이 된 시대이지요. 이 사건처럼 동물을 학대하고 그 동영상을 SNS나 인터넷 커뮤니티 등에 게시해 과시하는 사건들이 여러 형태로 계속 일어나고 있습니다.

어떤 개인방송 크리에이터가 있었습니다. 그는 반려견을 동영상에 자주 등장시켰는데, 어느 날부터 반려견을 때리고 집어던지는 등의 행위를 하기 시작했습니다. 시청자들이 학대하지 말라고 지적하자 그는 "개는 두들겨 패면서 길러야 한다. 그렇게 따지면 개를 중성화시키는 것도 학대"며 오히려 시청자들을 비난했습니다. 결국 한 시청자가 이 크리에이터의 처벌을 촉구하는 내용의 국민 청원을 올렸고, 20만 명 이상이 그 청원에 동의했지요. 또한 동물권 단체들이 그를 동물 학대로 고발했습니다. 출동한 경찰이 동물을 학대했는지 묻자 그는 "내가 내 개

때리면서 키우겠다는데 뭐가 잘못이냐"며 당당하게 응수했습니다.

이 크리에이터에게는 동물을 때려 상해를 입힌 행위와 동물 학대 동영상을 전시한 행위가 인정되어 징역 4개월과 벌금 200만 원, 집행유예 2년, 사회봉사 160시간이 선고되었습니다.[8] 동물을 상해했을 때 징역형이 나오는 경우는 매우 드뭅니다. 국민청원에 20만 명 이상이 참여한 점, 방송이라는 매체 특성상 파급력이 상당한 점이 고려된 것으로 보입니다.

동물판 'N번방' 사건도 있었습니다. '고어전문방'이라는 이름의 익명 채팅방에 모인 이들은 동물을 상해 또는 살해하는 사진, 동영상을 올리며 서로 동물 학대 행위를 독려했습니다. 그곳에서 가장 적극적으로 활동하던 사람이 있었습니다. 그는 자신이 직접 동물을 잔혹하게 살해한 사진, 동영상 등을 올리며 학대 행위를 과시했습니다. 이 사건이 수면으로 떠오르면서 기자들의 취재가 시작되자 그는 한 기자에게 자신은 수렵 관련 여러 자격증을 갖고 있고, 자신이 죽인 것은 야생 들고양이이므로 환경부에서 허가한 합법 행위라고 주장하기까지 했습니다.

참고로 수렵 면허가 있는 사람은 수렵장으로 지정된 곳 외에서는 수렵을 해서는 안 되고, 수렵 동물도 지정이 되어 있습니다. 하지만 그의 주장과 달리 그가 죽인 너구리·들고양이는 환경부에서 지정한 수렵 대상 동물도 아니고, 그가 동물을

송시현

죽인 장소도 지정된 수렵장이 아니었습니다. 또한 야생동물이 더라도 학대를 하는 것은 '야생생물 보호 및 관리에 관한 법률'(이하 야생생물법) 위반입니다. 결국 그는 1심 재판에서 징역 4개월, 벌금 100만 원, 집행유예 2년을 선고받았습니다.[9]

이런 사건이 왜 문제일까요? 유튜브나 SNS를 이용한 콘텐츠들의 파급력과 영향력은 상당합니다. 이런 콘텐츠들이 무분별하게 전파될 경우 동물에 대한 잘못된 인식을 사람들에게 심어 줄 수 있습니다. 특히 요즘 어린이, 청소년들은 미디어 의존도가 높고 동영상 콘텐츠를 많이 소비하기 때문에 동물을 학대하는 콘텐츠를 계속 볼 경우 동물에 대한 잘못된 가치관을 가질 수 있어 큰 문제이지요. 실제로 문제의 동물판 N번방에도 미성년자가 상당수 있었습니다.

동물 학대 콘텐츠를 이용해 돈을 벌려는 사람들의 처벌도 시급합니다. 이들은 수익 창출을 위해 더 잔인하고 폭력적인 영상물을 생산해 냅니다.

2020년 카라에서 유튜브 동물 동영상을 모니터링했더니 413개 중 83개, 즉 약 20퍼센트가 동물 학대에 관한 것이었습니다. 5개 중 1개가 그랬다는 것이지요. 학대 동영상 중에는 잘못된 훈련 방식을 알려 주거나 해로운 음식을 먹이는 등의 비정상적인 돌봄 동영상이 가장 많았고(45퍼센트), 그다음으로 동물을 때리거나 동물 목을 조르는 등 동물에게 신체·물리적인 폭력을 행사하는 동영상이 많았습니다(20퍼센트). 동물을 위협, 협박하거나 동물에게 큰소리를 지르는 정신·언어적 폭력을 행사하는 동영상(16퍼센트), 동물을 산 채로 먹거나 동물 시체를 촬영하는 등의 혐오 동영상(15퍼센트)도 있었습니다.[10]

　유튜브에서는 사람이 부추기거나 강제로 시켜 동물들이 싸우는 내용의 콘텐츠, 사냥이나 음식 준비처럼 전통적이거나 일반적인 목적이 아닌 악의적으로 동물에게 고통을 주는 콘텐츠, 유해한 환경을 연출해 동물을 위험에 빠뜨린 후 구조하는 콘텐츠 등 동물 학대 콘텐츠 게시를 금지하고 있습니다. 만일 이런 콘텐츠를 올리면 콘텐츠는 삭제되고, 보통 처음에는 주의를 받고, 90일 이내에 경고를 3회 받으면 채널이 해지될 수 있습니다.[11]

　그런데 이런 규제에도 5개 중 1개가 동물 학대 콘텐츠라는 조사 결과에서도 알 수 있듯이 실시간으로 모든 동영상을 모니터링하지 않는 한 동물 학대 콘텐츠를 뿌리 뽑기는 쉽지 않아 보입니다. 또한 앞서 언급한 크리에이터의 경우 동물 학대 콘텐츠 게시로 유튜브 측으로부터 영구 정지 처분을 받았지만, 다른 스트리밍 채널을 통해 방송을 이어 나가기도 했습니다. 콘텐츠 플랫폼의 자체적인 규제만으로는 동물 학대 콘텐츠 확산을 막는 데 한계가 있는 것이지요.[12]

　　　　　　　　　　　　　　　　　　　　송시현

　그렇다면 우리 법은 이렇게 동물 학대 콘텐츠가 확산되는 것에 충분히 대비하고 있을까요? 안타깝게도 그렇지 않아 보입니다.

　앞서 말했듯이 동물보호법에서는 동물 학대 행위를 촬영한 사진이나 영상물을 판매·전시·전달·상영하거나 인터넷에 올리는 것을 금지하고 있고, 이를 위반할 경우 300만 원 이하의 벌금을 내게 합니다. 생각하기 나름이겠지만, 동물 학대 콘텐츠 확산이 미치는 악영향을 생각하면 지나치게 낮은 형량이 아닐까 싶습니다. SNS, 개인 콘텐츠 시장은 커져 가고 그와 함께 미디어에서 동물 학대 콘텐츠도 계속 생산되어 확산될 텐데 말이지요. 이러한 현실을 고려해서 법정형을 좀 더 높여야 한다고 생각합니다.

　더욱이 동물 학대 사건은 법에서 정한 형 즉, 법정형보다 훨씬 낮게 선고되는 경우가 대부분입니다. 앞서 말했듯이 동물을 잔인하게 죽이면 3년 이하의 징역 또는 3천만 원 이하의 벌금, 동물에게 상해를 입힌 경우엔 2년 이하의 징역 또는 2천만 원 이하의 벌금에 처합니다. 그런데 동물 학대 사건의 경우 이런 법정형에 훨씬 못 미치게 선고가 내려집니다. 징역형이 있는데도 징역형이 선고되는 사례가 많지 않고, 실형이 선고되는 경우는 더욱 드뭅니다. 동물을 잔혹하게 죽이고 그런 과정을 담은 사진과 동영상을 미성년자까지 있는 채팅방에 전시한 동물판 N번방 피고인에게도 실형이 아닌 집행유예가 선고된 것을 보면, 동물 학대는 처벌 수위가 상당히 낮다는 사실을 다시 확인할 수 있습니다.

또한 동물 학대의 경우 양형 기준†이 제대로 갖추어져 있지 않다 보니 사건마다 형량이 들쑥날쑥합니다.[13] 동물판 N번방 피고인과 개인방송 크리에이터의 형량이 거의 같다는 사실만 봐도 알 수 있지요. 물론 둘 다 아주 나쁜 죄를 저질렀지만, 동물을 죽여 그 동영상 등을 전시한 자와 상해를 입히는 동영상을 전시한 자의 형량에 거의 차이가 없다면 과연 합당한 형인

🔊 **양형 기준** 양형 기준이란 형사재판에서 법관이 형을 정할 때 참고할 수 있는 기준을 말한다. 공정하고 객관적으로 형량을 정하기 위해 일정한 기준을 만들어 두고 이를 참고해 형을 선고할 수 있게 하는 것이다. 양형 기준이 궁금하다면 양형위원회 홈페이지를 보면 된다. sc.scourt.go.kr

송시현

지 묻지 않을 수 없습니다. 동물권 단체들이 동물판 N번방 사건 판결을 '솜방망이' 처벌이라며 비판한 이유입니다.

문제는 또 있습니다. 경찰, 검찰 등 수사기관에서 동물 학대를 여전히 중하게 여기지 않는다는 것입니다. 그래서 명백히 동물 학대 혐의가 있는데도 무혐의 처리를 하거나 기소를 하지 않는 경우가 많습니다. 맨 처음 말씀드린 진돗개 보호자 사건만 해도 가장 기초 단계인 경찰부터 동물 학대로 인정받지 못할 뻔했으니까요.

이제는 달라져야 하지 않을까요? 사실 얼마 전까지만 해도 동물을 죽인 경우와 동물에게 상해를 입힌 경우의 법정형이 같았습니다. 죽인 것과 상처를 입히는 것을 어떻게 같게 취급할 수 있느냐는 비판이 계속되자 2020년에 이르러서야 둘의 법정형을 달리했습니다. 그런데도 앞의 N번방과 크리에이터 피고인의 형량이 거의 차이 나지 않는 것처럼 아직 갈 길이 멀지만요.

수사기관과 법원의 동물 학대 사건 판단에도 변화가 있어야 합니다. 수사기관에서는 동물 학대를 중대한 범죄로 다루고, 동물보호법을 더 적극 적용해 동물 학대를 강력히 처벌해야 할 것입니다. 얼마 전 경찰청에서 '동물 학대 수사 매뉴얼'을 전면 개편해 일선 경찰관들이 활용할 수 있게 배포했다는 기쁜 소식을 들었습니다. 최신 판례와 대응 요령 등이 담겨 있으니, 앞으로 동물 학대 사건에 대한 시각이 많이 달라지길 기대합니다.

법원은 동물 학대 사건에 대해 일관성 있는 양형 기준을 만들고, 동물보호법의 법정형을 고려해 죄질에 맞게 실질적인 처벌을 해야 합니다. 이런 법원의 판결을 통해 동물 학대가 심각한 범죄임을 사람들이 인식할 수 있으면 좋겠습니다. 최근 들어 동물 학대 사건에 징역형을 선고하는 판례가 조금씩 나오고 있는데, 매우 바람직한 흐름이라고 생각합니다.

송시현

4

동물은 왜 계속
실험 재료가 되어야 할까

김도희

병든 몸에 자행된 실험

2019년의 어느 날 동물해방물결에서 자문을 요청해 왔습니다. 모 수의대 학생이 제보를 해 왔는데, 교내 실습실 동물 사육 환경과 처우가 너무 열악해서 실습견들이 고통을 받고 있다는 내용이었습니다. 인터넷에 검색해 보니 이 같은 수의대 문제는 이미 언론에 보도된 상태였습니다. 기사에는 개의 번식 생리를 교육한다는 목적으로 살아 있는 개에게 매주 질 도말 검사†를 하고, 약물을 주입해 강제로 교배를 시키고, 그 과정에서 태어난 동물의 분양 책임을 학생들에게 떠넘긴다는 의혹이 담겨 있었습니다. 논란이 일자 실습은 잠정 중단되었습니다. 하지만 이 실습을 동물 실험윤리위원회†에서 승인한 것인지, 그리

🐾 **질 도말 검사** 암컷의 교배 적기를 파악하기 위해 실시하는 질 내 세포 검사. 질에 6인치 정도의 면봉을 넣고 질 벽을 긁어 상피 세포를 채취하기 때문에 동물들이 고통스러워한다.

고 실험 과정에서 동물보호법을 준수했는지 등에 대해서는 여전히 의혹이 풀리지 않았지요.

문제가 된 과목은 〈수의산과학 실습〉이었습니다. 수의산과는 사람으로 치면 산부인과와 비슷합니다. 기본적으로 동물이 생명을 잉태하고 번식하는 과정을 배울 수 있는 과목입니다. 교배 적기나 임신 여부, 분만 예정일을 판정해 주며, 불임·난산·유선종양 등의 치료법 등도 알려 주지요. 수의사에게는 꼭 필요한 내용입니다. 그런데 이 과목에 여러 실습견을 동원하고, 한 개체당 일주일에 4차례에 이르는 질 도말 검사와 강제 교배를 실시했다는 것이 문제지요. 특히 질 도말 검사를 할 때 학생들은 아무래도 경험이 부족해서 질 내부를 여러 번 찌르는 일이 많아 개들을 고통스럽게 했습니다.

처음 이 사건을 접했을 때는 질 도말 실습이라는 것이 낯설어서 실제로 동물을 이용하지 않으면 안 되는 것인지, 꼭 여러 번 해 봐야만 하는 것인지 등이 잘 파악되지 않았던 것이 사실입니다. 그런데 자료를 찾다 한 동물병원장의 인터뷰를 보면서

🐾 **동물 실험윤리위원회** 동물 실험윤리위원회는 동물 실험을 할 때 동물보호법 제23조에서 규정한 동물 실험 3R 원칙을 지키도록 감시하는 기관이다. 3R은 '동물 실험 횟수를 줄이고(Reduction), 비동물 실험으로 대체하고(Replacement), 고통을 최소화할(Refinement) 것'이다. 구체적으로는 동물 실험 계획을 심의·승인하고, 실험동물의 사육 시설 운영에 대해 관리·감독하며, 문제가 발생하면 조사·조치하는 권한을 가지고 있다.

김도희

의심이 들기 시작했지요.

> "대부분의 수의대에서 질 도말 실습을 하긴 하지만, 반복적으로 시행하는 것이 아니라 한 번씩 해 보고 세포를 관찰하는 수준입니다. 번식기의 상피 세포는 관찰이 그리 어려운 것이 아닙니다. 교재를 통해서도 충분히 배울 수 있습니다. (…) 개들은 대부분 자연분만을 하고, 문제가 생기면 제왕절개를 하죠. 그래서 계속 번식기를 확인해야 하는 번식업자를 가르치려는 게 아니라면, 반복적인 질 도말 수업은 상식에 어긋납니다."[14]

이 사건에서 특히 충격을 준 사실은 심장사상충과 난소종양 등이 있는 개를 실습견으로 이용했다는 것입니다. 이름이 '건강이'였는데, 아마도 학생들이 개가 건강해지기를 바라는 마음에서 그리 지은 게 아닐까 싶습니다. 학생들은 학교 측에 거듭 치료를 요청했지만 건강이는 치료받지 못하고 계속 실습에 이용됐습니다. 그 결과 종양이 한 달 만에 1센티미터나 자라고 다른 장기에까지 암세포가 퍼져 건강이는 각종 질병에 시달리다 죽고 말았습니다. 사람보다 훨씬 체구와 장기가 작은 개의 종양이 한 달 만에 1센티미터나 커졌다는 것은 몸 상태가 상당히 안 좋았음을 의미하고, 다른 곳도 아닌 수의대에서 그 사실을 몰랐을 리도 없을 듯합니다. 치료나 수술을 하면 강제 교배나 질 도말 검사를 하지 못하니, 아무 조치도 취하지 않은 게 아닐까 하는 의혹이 제기되기도 했지요.

동물보호법에서는 "수의학적 처치의 필요, 동물로 인한 사람의 생명·신체·재산의 피해 등 농림축산식품부령으로 정하는 정당한 사유 없이 신체적 고통을 주거나 상해를 입히는 행위"(제8조 제2항 제4호)를 동물 학대로 규정하고 있습니다. 건강이를 실습견으로 이용하기 위해 치료 없이 계속 실습을 강행했다면 명백한 동물 학대 행위에 해당하지요.

김도희

건강원에서 데려온 실습견들

또 다른 문제는 건강이를 비롯한 실습견들을 데려온 곳이 다름 아닌 건강원일 가능성이 높다는 점이었습니다. 당시 동물해방물결에서는 수의산과학 실습이 동물 실험윤리위원회의 승인을 받은 것인지 그리고 실험에 동원된 실습견들이 어디서 온 것인지 확인하기 위해 학교 측에 민원 및 정보공개를 청구했습니다. 학교는 "수의산과학 실습은 매년 교내 동물 실험윤리위원회의 승인을 받아 진행"되며, "이용되는 실습견은 유기견이나 식용견이 아닌 정상적인 경로로 구입한 것"이라고 답변한 바 있습니다. 그러면서 실습견들의 출처가 'ㅇㅇ동물센터'로 적힌 동물납품증명서와 동물 실험승인신청서를 제출했고, 이 답변은 김해영 국회의원실을 통해서도 동일하게 받았습니다.

그런데 동물해방물결에서 'ㅇㅇ동물센터'의 주소를 추적해 보니 모 재래시장 내 'ㅇㅇ건강원'과 같았습니다. 실제로 해당 과목의 교수는 실습견 출처를 묻는 기자 질문에 "고기 키우는 곳", "개장에서 구출한 개들"이라고 표현했습니다. 보통 건강 원 등에 유입되는 동물들은 유실·유기 동물[†] 비율이 높은 것으로 알려져 있고, "개장에서 구출한 개"라면 더더욱 그럴 가능성이 큽니다. 유실·유기 동물의 유통 구조에 대해 누구보다 잘 알 수의학과 교수가 개들을 비정상적인 경로로 구입했다면, 교수는 최소한 합법적인 판매업체가 아니라는 사실은 인식하고 있었을 겁니다.

그리고 이런 내용이 모두 사실이라면 학교 측은 불법을 덮기 위해 더 큰 불법을 저지른 셈이 됩니다. 동물 실험을 하려면 의무적으로 동물 실험윤리위원회의 승인을 받아야 합니다. 즉, 동물보호법 제8조 제3항의 "유실·유기 동물임을 알면서도 구매한 행위"를 저질렀을 뿐 아니라 동물 실험승인신청서도 허위로 작성한 것이 되지요. 동물 출처를 '○○건강원'이 아닌 '○○동물센터'로 적었으니까요. 이 경우 형법 제227조, 제229조의 "허위 공문서 작성 및 허위 작성 공문서 행사죄"에 걸립니다. 또한 거짓 정보를 기재함으로써 동물 실험윤리위원회와 헌법 기관인 국회의원을 속였으니, 형법 제137조 "위계에 의한 공무

🐾 유실 동물, 유기 동물 (동물을 인간인 보호자의 소유물임을 전제로 한 표현이라는 점에서 적절치는 않지만) 유실 동물은 보호자가 잃어버린 동물이고, 유기 동물은 보호자가 버린 동물이다.

김도희

집행 방해"에도 해당합니다.

이외에도 학교 측이 실습견들의 교배로 태어난 강아지들에 대해 "우리가 끝까지 책임을 진다. 새끼를 낳으면 건강하게 보살피고, ○○대에서 태어난 강아지라고 오픈해서 분양을 시킨다"고 입장을 밝혔다가 언론 보도 후엔 "실습견과 강아지의 첫 분양처를 찾는 건 해당 조원들이 수행한다. 이 과정에서 일부 학생들이 부담을 느꼈다는 것을 이번 보도를 계기로 인지했다"고 답변한 것을 보면, 학생들이 강아지들 분양을 전담한 것이 사실임도 알 수 있습니다. 교수가 학생들에게 강아지 분양을 시켰다면 이는 형법 제123조 "직권 남용"에도 해당할 수 있습니다.

'건강이법'의 문제

이런 내용들을 바탕으로 동변은 동물해방물결을 대리해 해당 과목의 교수를 고발했습니다. 그리고 동물해방물결을 비롯한 동물권 단체들과 이 사건을 공론화하기 시작했습니다. 그러자 몇몇 국회의원도 관심을 보였고, 문제를 같이 해결하자며 건강이 이름을 딴 동물보호법 개정안, 일명 '건강이법'도 발의했습니다.

사실 엄밀히 말하면 건강원에서 개를 데려온 것이 위법은 아닙니다. '실험동물에 관한 법률'(이하 실험동물법) 제9조에 따르면, 동물 실험 시설은 등록된 실험동물 공급기관을 통해서만 동물을 공급받도록 정하고 있지만, 대학 등 교육기관은 이 법의 적용에서 제외되기 때문이지요. 교육기관에서는 자신들 예산으로는 실험동물 공급기관의 동물 '가격'을 감당할 수 없다는 입장이고, 이를 감안하여 법에서도 빠져나갈 구멍을 만들어

김도희

놓은 것으로 보입니다. '건강이법'은 교육기관이 건강원이나 출처를 알 수 없는 미등록업장 등에서 '구매'한 동물을 실험에 이용하지 못하게 동물보호법으로 막겠다는 취지였고, 물론 그 자체로는 환영할 만한 일이었습니다.

하지만 법안을 검토한 결과, 자칫 잘못하면 지금 이상으로 동물을 어디서든 데려올 수 있는 조항이 될 수 있겠다는 걱정을 지울 수 없었습니다. 기존 실험동물법은 등록된 공급자만 동물을 공급할 수 있게 제한한 반면, 건강이법은 기존 공급자뿐 아니라 축사와 동물병원까지 공급처로 확대해 놓았기 때문이지요. 이렇게 되면 아직도 현황이 제대로 파악되지 않은 전국 개농장의 개들, 이전에 어디에 있었는지는 상관없이 동물병원을 거친 동물들까지도 버젓이, 합법적으로 실험실로 갈 수 있는 길이 열릴 수도 있는 겁니다.

결국 동물권 단체들과 시민들이 나서서 '건강이법' 폐기 시위를 벌이기에 이르렀습니다. 이러한 해프닝은 자연스레 '차별금지법' 사례를 떠오르게 합니다. 차별금지법을 제정하려는 노력은 꽤 오래전부터 있었습니다. 그런데 처음 만든 안에서 종교 집단의 요구로 '성적지향'을, 기업들의 요구로 '출신국가와 학력' 등을 차별 금지 사유에서 삭제하는 안을 정부에서 내놓았지요. 차별금지법 제정에 앞장섰던 이들은 크게 반발할 수밖에 없었습니다. 포괄적인 차별금지법을 제정하면서 위와 같은 차별 금지 사유를 제외하는 것은 이분법적 성적지향을 가지지 않은 사람들, 외국 국적의 노동자들, 고등교육을 받지 않은 사람들 등에 대한 차별을 명시적으로 허용하는 꼴이 되어 버리니 찬성할 수 없었던 것입니다.

다행히 문제가 된 조항을 삭제한 후 건강이법을 다시 발의했습니다. 다른 국회의원도 실험동물법에 등록된 공급업자가 아닌 자로부터 공급받은 동물로 실험하는 것을 금지하는 동물보호법 개정안을 발의했지요.

김도희

하지만 고발의 결과는 참담했습니다. 검찰은 다음처럼 증거 불충분을 이유로 불기소 처분을 내렸습니다.

- 출처가 불분명한 개들을 동물 실험에 동원했다는 점에 대해서는 피의자, 피의자 측과 이해를 같이하는 공급업자의 진술을 근거로 하기에는 증거가 불충분하다.
- 설령 출처가 불분명하더라도 대학 등 교육기관은 '실험동물법' 적용을 받지 않는다.
- 실습견에 대한 치료를 방치한 것인지, 아니면 현재 상태에서 치료가 오히려 몸에 부담을 준다는 것인지, 비수술적 방법으로 치료가 가능하다는 것인지 제출한 증거만으로는 의미를 확정하기 어렵다.
- 질 도말 실습은 실습견에게 고통을 주지 않고, 다른 학

교의 수의산과학 실습에서도 실험동물을 상대로 실습
이 이루어지기 때문에 학대로 볼 수 없다.

동물권 단체도 동변도 도저히 납득하기 힘든 결론이었습니다. 불기소 사유서를 살펴보면, 검찰이 학교와 건강원 측의 진술만을 토대로 판단한 정황이 역력했습니다. 거짓 정보를 기입해 불법 행위를 적극 은폐하려고 한 시도에 대해서도 교육기관의 경우 실험동물의 출처를 규제하지 않는 입법의 미비를 핑계로 손쉽게 불기소 처분을 내렸다는 인상을 지울 수 없었고요. 또, 수의산과학 과목에서는 어디나 그런 실습 방식을 쓰더라도 숙련된 사람이 적정한 횟수로 실습을 했는지, 미숙한 학생들이 지나치게 실습을 했는지에 따라 동물들이 느낄 고통이 크게 달라진다는 점도 간과했습니다. 특히 이 대학의 경우 다른 대학과 비교해 실습 양이 현저히 많았다는 사실도 고려되지 않았습니다.

불기소 처분은 기소권을 가진 검사가 해당 사건을 기소하지 않겠다는 뜻입니다. 수사를 했는데 재판까지 가져갈 만한 사안이 아니라고 판단할 때 내리는 처분이지요. 재판을 열 수 없으니 판사를 통해 선고되는 유무죄 판결도 받을 수 없게 됩니다. 사실상 피고발인은 무죄 선고와 같은 효과를 얻게 되는 것이지요.

김도희

고발인은 지방검찰청의 불기소 처분이 부당하다면, 상급 기관인 고등검찰청에 '항고'라는 것을 해야 하고, 고등검찰청에서도 받아들여지지 않는다면 대검찰청에 '재항고'를 할 수 있습니다. 하지만 불기소 처분된 사건의 경우 항고나 재항고가 받아들여질 가능성은 거의 없다고 해도 과언이 아닙니다. 고발할 당시 저는 8년 차 변호사였는데, 제 경험이나 주변의 경우를 봐도 항고, 특히 재항고가 받아들여지는 것을 거의 본 적이 없었거든요.

　그래서 항고, 재항고를 했음에도 솔직히 큰 기대는 하지 않았습니다. 그런데 사건이 거의 잊힐 무렵, 무려 재항고한 지 1년 2개월 만에 기적과도 같은 일어났습니다. 대검찰청에서 날아온 통지서에 '수사 재기 명령'이라는 글자가 적혀 있었던 겁니다! 대학 시절 수강 신청을 하듯이 온갖 수의대의 수업계획서를 뒤져 가며 항고장을 작성한 보람이 느껴지는 순간이었습니다.

대체 방법이 많아졌다

스위스에는 '비인간 유전자 기술에 관한 법률(독일어 약칭: GTG)'과 '동물 복지법(독일어 약칭: TSchG)'이 있습니다. '동물의 존엄성'을 전제로 '동물 실험에 관한 기준들'을 자세히 규정해 놓은 법들입니다. 마치 헌법의 기본권을 제한할 때 그것이 용인될 수 있는가를 따지는 수준으로요. 이를테면 다음과 같은 것들입니다.

- 실험 목표를 명확히 설정하고 설명하고 있는가.
- 정확히 어떤 과정으로 실험이 진행되는가.
- 어떤 조건에서 누가 실험을 수행하는가.
- 실험 결과를 내는 데 꼭 이 동물이 필요한가.
- 동물에게 부담을 주지 않고서는 실험 목표에 이를 수 없는가.

김도희

실험의 이익과 무관하게 동물들이 떠안을 '부담'이 정당화될 수 없다면 '동물의 존엄성'을 해치는 것이므로 동물 실험을 허용하지 않는 것이지요. 여기서 부담이란 고통, 괴로움 등의 피해가 동물에게 가해지는 것을 말하는데 예를 들면, 동물이 근심이나 굴욕에 노출되는 경우, 동물의 외양 혹은 기능에 중요한 변화가 있는 경우, 동물이 과도하게 도구화된 경우 등입니다. 이것의 정도를 평가하고, 그 심각도를 0~3단계로 분류합니다. 한국도 동물보호법 안에 동물 실험에 관한 원칙으로 제23조를 규정해 놓았는데 '동물 생명의 존엄성'을 전제로 한 것이지요. 동물 실험에 관한 윤리 지침으로 3R 원칙도 명시되어 있고요. 동물 실험윤리위원회를 두는 것도 같은 취지에서일 겁니다. 하지만 스위스와 비교하면 우리는 아직 '선언' 이상을 넘어서지 못한 수준인 듯합니다.

동물을 실험에 이용해야 하느냐 마느냐 하는 원론적인 찬반 논쟁은 잠시 접어 두고 말하면, 과거에 비하면 요즘은 동물을 실험에 이용하지 않고도 실험을 할 수 있는 방법이 많아졌습니다. 인간이나 동물에게서 떼어 낸 세포·조직·장기 등을 배양해 하는 실험이나, 컴퓨터 모델링을 통해 변화를 예측하는 실험은 변수와 오차가 적어 안전하면서도 정확한 대체 실험 방안으로 주목받고 있습니다. 한국도 2017년부터 동물 실험을 거쳐 만든 화장품과 동물 실험을 거친 원료를 사용해 만든 화장품의 유통, 판매를 금지하고 있죠. 대체 실험 방법이 없을 때만 예외적으로 동물 실험을 허용하고 있습니다.

2009년부터는 식품의약품안전처(이하 식약처) 산하에 '한국 동물대체시험법 검증센터'가 설립되어 동물대체시험 방법을 개발하고, 검증하고, 가이드라인을 제안하는 등의 정책적 지원을 하고 있습니다. 종국에는 모든 동물 실험이 비동물 실험으로 대체돼야 하겠지만, 화장품이나 생활용품처럼 사람들의 미용과 편의를 위해 동물이 희생되는 분야는 지금부터라도 동물 실험을 멈춰야 하지 않을까요.

김도희

동물은 '재료'가 아니다

　다시 '건강이' 사건으로 돌아옵니다. 사건 진행 과정에서 피고발인(해당 과목 교수)이 했던 말은 곱씹을수록 절망적입니다.

　"한번 찌르나 여러 번 찌르나 뭐가 다릅니까?"

　이런 분에게 과연 동물 실험 윤리를 말할 수 있을까요. 다른 학교의 수업계획서와 비교해 보니 더 유감스러웠습니다. 다른 학교에서는 많은 시각 자료를 이용해 실습을 하고 있었기 때문이지요. 동물을 비윤리적으로 실험에 이용하는 실상은 이미 여러 사건을 통해 알려져 왔는데, 상당수가 대학 실험실에서 벌어졌습니다. 국공립 기관이나 의료 기관보다 대학 실험실에서 동물들을 더 많이 실험에 이용하고 있습니다.[15] 그렇지만 대학들을 규제할 수 있는 법은 없습니다. 대학들은 예산 부족 등을 이유로 법에 등록되지 않은 업체에서 동물들을 데려와 비윤리적인 실험을 자행합니다.

대검에서 다시 불을 붙인 건강이 사건은 현재 진행 중입니다. 부디 동물 실험과, 실험실 환경과 실험동물의 처우에 대해 경종을 울리는 판결로 이어지길 바랍니다. 조만간 모든 동물 실험이 동물대체시험으로 전환되어 더는 건강이들을 애도하지 않아도 되는 날이 오기를 손꼽아 기다립니다.

김도희

5

동물 해부 실습이
남긴 것

권유림

트라우마를 남긴 해부 실습

카라 대표였던 임순례 영화감독이 한 인터뷰[16]에서 이런 말을 했습니다.

> "어릴 때 수의사가 될까 했는데 중 1 생물 시간에 개구리 해부를 보고 충격을 받아 꿈을 접었습니다."

임순례 감독뿐이 아닙니다. 카라에서 동물 해부 실습을 경험한 사람들을 대상으로 트라우마를 조사한 적이 있는데, 그 자료에 따르면 정신적 고통을 호소한 사례가 수백 건이었습니다.

- "끔찍했던 기억만이 남아 있고 불필요하고 잔인한 실험이었다."
- "개구리를 해부하던 중이었다. 가슴이 열려 있는 상태였

는데 개구리가 깨어나 팔딱였다. 그 모습에 교실은 아비규환이었다. 십수 년이 흘렀는데도 몸부림치던 개구리 모습이 트라우마로 남았다."

- "해부 수업을 할 때 몇몇 학생은 장난으로 난도질을 했다."
- "해부 수업은 살아 있는 생명을 가벼이 여기게 할 수 있는 위험한 교육이다."
- "해부 실습을 해서 얻은 동물 장기로 교육하는 것이 과연 효과적이었는지 지금도 의심스럽다."
- "어릴 땐 학습인 줄 알았던 행동이 어른이 되니 큰 죄책감으로 남았다."

　이렇게 동물 해부 실습은 교육적인 효과보다 정신적인 상처를 더 남긴다는 문제의식을 가진 사람이 많았고, 이런 생각들이 법을 개정하도록 움직였습니다. 2018년에 동물보호법이 개정되면서 다음과 같은 내용의 '미성년자 동물 해부 실습 금지' 조항(제24조의2)이 신설된 것이죠.

누구든지 미성년자(19세 미만의 사람을 말한다. 이하 같다)에게 체험·교육·시험·연구 등의 목적으로 동물(사체를 포함한다) 해부 실습을 하게 하여서는 아

권유림

니 된다. 다만, 〈초·중등교육법〉 제2조에 따른 학교 또는 동물 실험시행 기관 등이 시행하는 경우 등 농림축산식품부령으로 정하는 경우에는 그러하지 아니하다.

금지 이유는 아래처럼 밝혔고요. (다음은 법제처에서 밝힌 개정 이유를 발췌해 다듬은 것입니다.)

> 학원 등을 중심으로 미성년자에게 해부 실습을 시키고 있어 동물의 생명권을 경시하고 미성년자의 정서를 해칠 우려가 있는 것이 실정이다. 따라서 미성년자의 동물 해부 실습을 금지하여 미성년자의 정서를 보호하고, 동물의 생명권에 대한 인식을 높이기 위해 관련 제도를 정비하려는 것이다.

그런데 문제는 법의 '구멍'으로 유명한, '다만'으로 시작되는 다음 구절입니다.

> 다만, 〈초·중등교육법〉 제2조에 따른 학교 또는 동물 실험시행기관 등이 시행하는 경우 등 농림축산식품부령으로 정하는 경우에는 그러하지 아니하다.

이 '예외'가 여전히 우리를 불안하게 합니다. 완전한 금지가 아니라 왜 예외를 둔 것일까요? 일각에서는 영재학교 등 일부 교육기관이 강하게 반발했고 교육부 역시 강하게 지지하면서 벌어진 결과라고 분석했습니다. 동물권 단체들(카라, 비글구조네트워크)은 2020년 4월 당시 국민신문고를 통해 교육부에 예외를 둔 근거가 무엇인지 물었지만, 분명한 답변[17]을 들을 수는 없었습니다.

수행평가, 학교생활기록부에 전적으로 의존해 대입이 결정되는 대한민국의 학생들은 학교가 정한 교육 과정에서 결코 자유로울 수 없습니다. 학교에서 예외의 규정을 들어 동물 실험 실습을 하겠다고 하면 해야 합니다. 학생들에겐 거부할 선택권이 없습니다. 왜냐면 적극 참여한 학생들에게는 주도적, 진취적, 활동적, 모범적이라는 교사의 평가가 따르겠지만 거부한 학생들에게는 상대적으로 소극적, 수동적, 예민한 학생이라는 낙인이 찍힐 가능성이 크니까요.

권유림

한편 의사나 수의사, 과학자가 되려는 학생들에게 동물 실험이 꼭 필요하고 절대적으로 도움이 되는 것일까요. 의대나 수의대, 생명과학 관련 학과에 입학한 후 꼭 필요할 경우 실험을 하면 너무 늦는 것일까요.

예외를 지지한 교육부와 달리 아이러니하게도 많은 현직 의사와 수의사, 생명과학 종사자들은 미성년자 시절 동물 실습이 꼭 필요하지 않고 생명 경시 현상만 갖게 한다며 폐지를 주장했습니다.

백번 양보해서 이전에는 별다른 대체 실험 방법이 없어 직접 해부 실습을 할 수밖에 없었다고 쳐도, 요즘 상황은 완전히 다릅니다. 개구리를 비롯한 동물의 장기 등을 실물처럼 만들어 놓은 교구도 많고, 시뮬레이션으로 학습도 가능합니다. 서울대 수의대 황철용 교수의 말에 따르면 상급 학교인 대학에서도 모형으로 교육을 하는 추세입니다.

> "아직은 실습용 모형 가격이 비싸서 제한적으로만 활용되고 있는 한계가 있습니다만, 모형 실습 방법을 개발하고 확대하면 충분히 불필요한 실험을 대체할 수 있을 것으로 봅니다. (…) 동물뿐 아니라 연구자들을 위해서도 불필요한 동물 실험을 줄이기 위한 프로그램에 대해 논의하고 확대해야 합니다."[18]

유영재 사단법인 비글구조네트워크 대표는 "교육의 장[19]이라 불리는 교실에서 동물을 해부한다면 인간 이외의 다른 동물의 삶은 그다지 중요하지 않다는 생각을 학생들에게 가르치는 역효과가 날 수도 있다. 과학에 대한 호기심이나 지적 탐구심을 만족시킬 수는 있겠지만 동물 해부 실습으로 인해 인간 아닌 다른 종에 대한 착취와 소비가 당연한 사회현상으로 여겨질 수 있기 때문"[19]이라며 우려를 표했습니다.

무엇보다 (글 앞부분에서 언급했듯이) 해부 실습은 해부를 경험한 학생들에게 큰 정신적 상처를 남긴다는 점을 명심해야 합니다. 해부 실험을 경험한 학생의 약 96퍼센트가 죄책감을 느꼈고, 이들 중 일부는 수업에 빠지는 등의 소극적인 방법으로 동물 해부를 회피했다는 보고서가 있습니다.[20]

권유림

이런 우려들 때문에 미국·스위스·노르웨이·덴마크·네덜란드·슬로바키아·이스라엘·아르헨티나 등 많은 국가에서 동물 해부 실습이나 교육을 금지하고 있고 이런 흐름이 확산되고 있습니다. 구체적으로 스위스·노르웨이·네덜란드·덴마크는 중고교에서 동물 해부 실험을 금지하고, 타이완은 중학교 이하 학생들의 동물 실험 자체를 금지하고 있습니다. 인도는 대학에서 동물 해부 실험을 금지하는 대신 시뮬레이션으로 관련 교육을 진행하며, 영국의 경우는 대학생 이하 학생들이 척추동물에게 통증·고통을 줄 수 있는 학습 행위 자체를 하지 못하게 금지하고 있습니다. 이들 국가들은 해부와 같은 동물 실험이 어린이나 청소년에게 '비교육적'이라고 판단하고 있는 겁니다.[21]

이렇게 봐도 법에 예외를 둘 필요는 없어 보입니다. 하지만 이미 예외를 둔 이상, 예외의 범위를 최소한으로 좁히고, 최대한 엄격한 요건을 갖춘 후에야 예외를 허용해야 할 겁니다. 슬금슬금 눈치를 봐 가며 예외를 확대하는 방향으로 진행되면 안 된다고 다시 강조합니다.

6

수족관에 갇힌 돌고래, 아니 인간을 관람한다는 것

현소진

  제주도를 여행할 때 운이 좋으면 바다에서 돌고래가 지나가는 장관(?)을 볼 수 있다는 여행 후기를 본 적이 있을 겁니다. 또한 돌고래 쌍이 수면 위로 뛰어오른 찰나 찍은 사진이 담긴 기사도 심심찮게 보았을 것 같습니다. 사람들이 돌고래를 경이로워하기 때문인지 돌고래를 보기 위한 요트 투어 프로그램도 생기고, 돌고래가 수족관의 꽃인 양 홍보하는 아쿠아리움이나 전시장도 보입니다.

  어렸을 때 제주에 살았습니다. 초등학교 때 체험 학습으로 돌고래 서커스를 보았던 기억이 납니다. 돌고래가 허들을 넘는 모습이 신기하다기보다는, 여름이었지만 스산했던 아쿠아리움의 공기와 돌고래가 공연 전후로 빽빽 울어 대던 그 소리만이 아직도 생생합니다. 만화영화에서 보았던 따뜻한 풍경이 아니라 왠지 불편하고 차가운 느낌이었습니다.

그러다 20여 년 후 우연히 돌고래와 다시 만나게 됐습니다. 평소 반려동물에 관심이 많아 반려동물들에게 조금이라도 도움이 되고자 찾아간 동변 사무실에서 죽은 돌고래 사진을 보게 된 것이지요. 잊고 있었던 초등학교 때의 기억이 주마등처럼 스쳐 갔습니다. 어릴 때는 불편함에 머물렀다면, 동변 활동을 하면서는 돌고래의 현실이 너무 처참해 뭐라도 해야겠다는 결심을 하게 되었습니다.

동변은 동물권 단체들(동물해방물결, 시셰퍼드 코리아, 핫핑크돌핀스)을 대리해 2020년 박순철 울산광역시 남구청장 직무대행 등을 고발했습니다. '동물원 및 수족관의 관리에 관한 법률'(이하 동물원수족관법)과 야생생물법 위반이 근거였습니다. 아울러 동변은 같은 내용으로 수족관과 돌고래쇼장을 운영하는 (주)거제씨월드와 울산 장생포 고래생태체험관도 동물권 단체들을 대리해 고발했습니다.

거제씨월드는 방문객이 돌고래를 직접 만질 수 있게 하는 체험 프로그램을 운영합니다. 돌고래는 인간과 비슷한 정도의 감각 반응도를 보이기 때문에 직접 접촉할 경우 큰 스트레스를 받습니다. 결국 이 프로그램 운영으로 2013년에만 큰돌고래 9마리가 죽고 맙니다. 그런데도 씨월드 측에서는 계속 프로그램을 운영 중입니다.

장생포 고래생태체험관은 2009년 개장한 국내 최초의 돌고래 수족관인데, '생태 설명회'라는 미명 아래 '돌고래 쇼'를 운영했습니다. 이 과정에서 돌고래들을 감금, 학대했지요. 심지어 돌고래를 자체 번식시키기도 했는데 이 같은 행위는 동물원수족관법(제7조 제1호)과 야생생물법(제8조 제1항 제3호, 제8조 제2항 제1호) 위반입니다. 그뿐 아니라 어린 돌고래는 면역력이 약하거나 관리가 필요한데도 소홀히 해서 죽음에 이르게 하는 등 문제가 많았습니다.

> 포획·감금하여 고통을 주거나 상처를 입히는 행위(야생생물법 제8조 제2항 제1호)

하지만 허탈하게도 수사기관은 이 사건을 '무혐의'로 처분했습니다.

생각하고 슬퍼할 줄 아는 존재

고래는 인간에 버금가는 언어 학습 능력과 표현 능력을 갖고 있습니다. 미국 해양생물학자 루이 허먼(Louis Herman, 1930~2016)에 따르면 큰돌고래는 '사람을 서핑보드로 데려가라'와 '사람에게 서핑보드를 가져다줘라'를 구별해 이해했고, 그에 맞게 행동을 했습니다.

이런 언어 학습 능력뿐 아니라 고래는 슬픔 등의 구체적인 감정을 느끼는 동물로도 널리 알려져 있습니다. 2020년 6월, 제주 연안에서 어미 남방큰돌고래가 죽은 새끼를 업고 2주일 넘게 유영하는 모습이 관찰되었지요. 가까운 관계의 돌고래가 죽은 후 애도하는 이런 특이한 행위는 과거부터 종종 포착되었습니다.

고래는 지능이 매우 높아 자기 인식이 가능하고 감정도 풍부합니다. 평균 지능 지수가 80에 달합니다. 이른바 자의식이 있

현소진

는지 여부를 확인하는 거울실험을 통과했을 뿐 아니라 모성애, 우울증, 집단 따돌림, 집단 환각 등 보통 반응이나 본능이라 일컫는 단순 감정 이상의 복잡한 감정 체계를 가지고 있음이 입증되었습니다.

또한 앞서 말했듯이 인간에 버금가는 언어 학습 능력도 가지고 있습니다. 언어 표현 등을 통해 다른 개체와 원활하게 의사소통도 할 수 있는 매우 고등한 동물입니다. 이런 내용은 이미 수십 년 전부터 과학이 입증한 사실입니다. 그러므로 고래는 인간의 오락을 위해 가두어 둘 수 있는 존재가 아니라, 고유의 권리능력*을 가지고 있는 '비인간 인격'의 하나로 보아야 한다는 것이 수족관 돌고래 죽음을 바라보는 동변의 핵심 관점이었습니다.

이런 돌고래를 일단 피고발인들은 감금했습니다. 감금 행위는 동물원수족관법 제2조에서 규정한 "적절한 서식 환경"이 아닙니다. 돌고래는 지능 지수가 높고 자의식이 있으며 집단생활을 하는 등 인간과 유사점이 많고, 하루에 100~160킬로미터를 이동하고, 수심 500미터 이하(흰돌고래는 최대 900미터)까지 잠수

🔍 **권리능력** 권리의 주체가 될 수 있는 법률적인 자격. 자연인은 출생에서 사망까지, 법인은 설립 등기에서 해산 등기까지 권리능력을 갖게 된다.

합니다. 그런데 피고발인이 운영하는 수족관은 이에 훨씬 못 미치는 크기라서 "감금"으로밖에 볼 수 없습니다. 수족관이 좁다 보니 돌고래들은 극심한 스트레스에 시달렸고 급기야 유리에 머리를 박거나 몸에 상처를 내는 이상행동까지 보였습니다.

또한 야생생물법 시행 규칙(제23조의7 별표 5의2)에 따르면, 고래목의 큰돌고래·남방큰돌고래의 경우 성체 1마리당 사육 면적을 아래처럼 규정해 놓았습니다.

> 수표면 면적 84제곱미터, 깊이 3.5미터 이상

다만, 1마리 추가할 때마다 그 증가 넓이를 100퍼센트가 아닌 35퍼센트로 두고 있지요(참고로 유럽연합은 한국 기준의 2배를 요구한다). 그런데 고래생태체험관은 민간 기업이 아닌 울산시에서 운영하는 공공시설인데도 국내 대규모 수족관 시설 중에서도 사육 시설 크기가 가장 좁았습니다. 심지어 수조 안에 휴식 공간도 제공하지 않았습니다. 자연 상태의 돌고래는 초음파를 쏘며 넓은 바다 속에서 다양한 정보를 얻고 이를 통해 자기 위치를 파악하면서 이동 경로를 결정합니다. 하지만 좁은 콘크리트 혹은 유리 수조에서는 초음파를 쏘면 금세 벽에 부딪혔다 다시 맞은편 벽에 부딪히고 또다시 다른 벽에 부딪혀 돌아오기 때문에 거리와 방향을 판별하지 못할 뿐 아니라 사람으로 치면 짧은 음파들의 공전 때문에 종일 극심한 이명에 시달리는 상태에 놓입니다. 또한 야생에서처럼 헤엄을 치려고 해도 금세 벽에 닿기 때문에 속도를 낼 수 없어 수조 안을 왔다 갔다만 하게 됩니다.

노예처럼 감금하고 전시하고

캐나다에서는 2019년에 고래류의 전시·번식·사육을 금지하는 법 'S-203'을 통과시켰습니다. 이 법안을 심사할 당시 저명한 고래 연구자 로리 마리노 L. Marino 박사는 의회에 참석해 다음처럼 증언한 바 있습니다.

> "수족관에 갇힌 돌고래들은 의미 없는 행동들을 반복하고, 머리를 앞뒤로 흔드는 등 온갖 이상행동을 보이고 있습니다. (…) 사육 돌고래들이 주로 감염돼 죽는다는 것은 수년간 수족관에 감금된 것이 주원인입니다. 감금으로 인한 만성 스트레스가 그들의 면역 시스템을 얼마나 약화시켰는지 보여 주는 것이지요."

2019년 5월 동물해방물결이 확보한 자료에 따르면, 고래생

현소진

태체험관 돌고래들의 경우 감금당한 후 지속적인 고통을 받아 심각한 이상행동을 보였습니다. 수조 밖 콘크리트 바닥에 장시간 누워 있는 모습, 수조 안 바닥에 무기력하게 누워 있는 모습, 수표면 위로 미동 없이 떠 있는 모습, 구조물을 씹는 행동, 수조 벽에 몸이나 머리를 박는 등의 자해 행동, 수조 안에서 원형으로 맴도는 행동 등은 야생 개체라면 보이지 않는, 즉 감금 상태에서 만성 스트레스와 고통을 받는 사육 돌고래 들이 주로 보이는 이상행동입니다.

무엇보다 돌고래들의 고통을 단적으로 보여 주는 것이 사망률입니다. 고래생태체험관의 경우, 2009년 개장 후 2019년까지 보유 돌고래 12마리 중 8마리가 즉, 약 67퍼센트가 사망했습니다. 주원인은 패혈증, 세균 감염으로 인한 폐렴 등이었습니다. 수의사이자 세계자연기금World Wide Fund for Nature의 이영란 해양보전팀장은 다음처럼 그 이유를 진단했습니다.

> "패혈증·폐렴 등에 걸려 죽은 이유는 돌고래들의 약해진 면역 체계, 자연적인 무리 생활을 하지 못하는 환경 등에서 비롯된 스트레스가 원인일 가능성이 큽니다."

고래생태체험관에 있던 돌고래들은 열악한 수족관 환경, 무리한 돌고래 쇼 프로그램 운영 때문에 극심한 스트레스를 받앉을 겁니다. 그 탓에 신체, 정신적인 병에 걸릴 수밖에 없었던 거지요. 그런데도 울산시는 수족관 환경을 개선하지 않았고, 돌고래 쇼도 계속했습니다. 동물원수족관법에서 금지한 "동물에게 먹이 또는 급수를 제한하거나 질병에 걸린 동물을 방치하는 행위"(제7조 제4호)를 저지른 겁니다.

현소진

자연으로 돌려보내자

　독일에서는 1990년 민법을 개정해 "동물은 물건이 아니다"는 조문을 넣었습니다. 동물에게 사람과 물건 사이의 '제3의 지위'를 부여하고 감정과 고통을 느낄 수 있는 생명체로서 고유성을 인정한 것이지요. 오스트리아는 1988년 민법에 "동물은 물건이 아니다"고 명시했고, 스위스는 2003년 민법전과 채무법에 역시 "동물은 물건이 아니다"며 동물의 법적 지위를 명확히 규정했습니다.

　이렇듯 여러 나라에서 동물을 물건의 개념에서 분리하고 있습니다. 이는 동물을 인간이 마음대로 지배할 수 있는 객체가 아니라 인간과 유사한 생명체임을 인정한 것이지요. 동물은 공존 혹은 보호의 대상이며, 동물의 주체적 권리까지는 인정하지 않더라도 최소한 인간이 동물을 책임지고 보호해 줘야 한다는 뜻이기도 합니다.

하물며 돌고래는 인간에 버금가는 존재입니다. 이들은 물건이 아니라는 개념에서 더 나아가 인간과 유사한 존재로 보아야 한다는 점을 잊으면 안 될 것입니다. 비행기에서 어린아이가 울면 눈살을 찌푸리는 승객보다 자기 상태를 잘 표현할 수 없는 아이가 얼마나 답답할지를 걱정하는 승객이 더 많습니다. 돌고래도 다르지 않습니다. 비행기의 그 아이처럼 답답함 속에서 울부짖고 있을지 모릅니다. 신기해서, 만져 보고 싶어서, 구경하고 싶어서 등의 이유로 자연에서 살아야 할 돌고래를 인간의 편의대로 환경을 바꾸어 그 안에 가두는 것은 정당화될 수 없습니다. 이제 돌고래들을 자연으로 돌려보내야 할 때입니다. 그것은 동물에게 '아량'을 베푸는 것이 아니라 지구에서 함께 살아가는 한 생명체에게 예의를 지키는 행위 아닐까요.

현소진

7

시골 개는
괜찮은 걸까

이 흘 비

"동물은 물건이 아니다"

지금은 코로나 때문에 발이 묶였지만 이전엔 곧잘 국내 여행을 다니곤 했습니다. 그런데 여행길에 꼭 한번은 보게 되는 것이 있었습니다. 시골의 마당 혹은 식당, 공장 밖에서 묶여 길러지는 개들이지요. 그런 개들은 제 오물 범벅이인 곳에서 지나가는 사람들을 하염없이 바라보거나 허공을 향해 이따금 짖어 댔습니다. 어쩌다가 제가 다가가면 목줄에 제 몸이 감기는 줄도 모르고 꼬리를 흔들어 대면서 반겨 울컥한 적도 있습니다. 밥그릇에는 사료인지 음식물 쓰레기인지 분간하기 어려운 것과 언제 갈아 주었는지 알 수 없는 물이 대충 들어 있었고요.

그런 개들을 보면 안쓰럽고 착잡해집니다. 동시에 마음속에서 이런 목소리도 들려오고요.

'몸에 일부러 고통을 주는 학대를 당하는 건 아니잖아. 개를 집 밖에서 기르는 건 우리나라 전통적인 사육, 관리 방식이기도 하고. 밥과 물 등 최소한의 생존 음식을 줄 수 있다면, 시골 개로 사는 것이 유기견이 돼서 도살장에 끌려가는 것보다는 낫지 않을까?'

많은 사람이 잔혹한 동물 학대 사건에는 분노하면서 시골 개를 볼 때는 속으로만 안타까운 마음을 곱씹는 이유도 저런 생각 때문 아닐까요?

2021년에 동물복지문제연구소 어웨어가 실시한 국민인식조사 결과에 따르면, 물·사료·집 제공 등 반려동물 보호자의 관리 책임을 강화해야 한다는 것에 90.3퍼센트가, 교육 이수와 자격 제도가 필요하다는 것에도 91.7퍼센트가 찬성했습니다. 그만큼 동물을 '방임'하는 행위 역시 학대일 수 있다는 얘기고, 동물에 대한 보호자의 최소 '관리, 의무' 가이드가 필요하다는 방증이지요. 동물 보호나 복지를 위해 시골 개 문제도 법적 이슈로 논의해야 할 시점에 이른 겁니다.

자기 차라면 세차를 하든 말든, 정기 점검을 하든 말든, 폐차를 시키든 말든 누가 뭐라고 하겠습니까. 물건 소유자는 다음처럼 자기 물건을 자유롭게 관리, 처분할 권리가 있으니까요.

> 소유자는 법률의 범위 내에서 그 소유물을 사용, 수익, 처분할 권리가 있다.(민법 제211조)

이솔비

하지만 그 소유물이 동물일 경우에는 이야기가 달라집니다. 동물을 비위생적인 환경에 계속 있게 하고, 아픈데 치료도 해 주지 않으며, 질 낮은 음식만 먹게 하는 건 문제가 있지요. 생명체니까요. 이처럼 "동물은 물건이 아니다"는 이의를 달 수 없는 정언명령입니다.

그런데도 현행 민법에서는 권리 주체인 인간과 권리 객체인 물건을 이분법적으로 나누고, 생명체인 동물에게 보통의 물건과 구분되는 독립적인 지위를 부여하지 않고 있습니다. 이 때문에 법이 오히려 "내 소유 물건을 내가 알아서 관리, 처분하는데 간섭하지 말라"는 동물 보호자의 주장을 받쳐 주는 근거가 되고 말았지요.

그러나 2013년 대법원은 위탁받은 반려견을 동물권 단체가 유기견으로 잘못 알고 안락사한 사안에서, 반려견의 매매가를 초과하는 위자료를 보호자에게 지급하라고 판결했습니다.[22] 동물을 적어도 보통의 물건(일반적인 물건은 훼손, 파손된 경우 그 물건의 매매가를 통상 손해액으로 본다)이 아닌 "특수한" 성격의 물건으로 본 것이지요.[23]

또한 2021년 7월 법무부의 민법 개정안은 물건을 정의한 민법 제98조 아래에 "동물은 물건이 아니다"는 동물의 법적 지위에 관한 조항 제98조의2를 신설하였습니다. 동물이 생명체로서 존중받아야 한다는 사회적 공감대는 형성되고 있는데, 현행법에서는 동물을 물건으로 취급하고 있어 동물 학대의 원인이 되고 있다고 보았기 때문이지요. 다만, 이 개정안은 법률에 특별히 규정한 경우를 제외하고는 이전처럼 동물을 물건으로 보고 있습니다.[24] 영리나 생계를 위해 사육되는 동물 중엔 '물건'으로 유지해야 할 경우도 있기 때문이지요. 현재 이 개정안은 국회 법사위(법제사법위원회)에서 심사 중입니다.

이 개정안이 통과돼 동물에게 보통의 물건과 구별되는 생명체라는 특수한 법적 지위가 부여된다고 하더라도, 반려동물을 압류 대상에서 제외하거나, 이혼이나 상속 시 반려동물 양육권자를 동물 복지 관점에서 법원이 결정하도록 하는 등의 세부 조항들이 별도로 마련되어야 할 겁니다. 하지만 적어도 "동물은 물건이 아니다"는 명제가 법적 선언이 되는 순간, 동물 복지를 위해 동물 소유권은 당연히 제한될 수 있고, 동물 보호자에게는 소유 동물에 대한 최소한의 관리, 의무를 강제할 수 있게 되리라 기대합니다. 동물 소유권의 "특수성"에 관한 논의의 발판이 마련될 수 있지 않을까 싶습니다.

이솔비

여전히 관리, 책임은 권고만

 현행 동물보호법에 보호자의 동물에 대한 최소 관리, 책임에 관한 규정이 전혀 없는 것은 아닙니다. 제3조 별표 1을 보겠습니다.

> 동물의 소유자 등은 최대한 동물 본래의 습성에 가깝게 사육·관리하고, 동물의 생명과 안전을 보호하며, 동물의 복지를 증진해야 한다(가 회). 동물이 갈증·배고픔, 영양 불량, 불편함, 통증·부상·질병, 두려움과 정상적으로 행동할 수 없는 것으로 인하여 고통을 받지 않도록 노력해야 하며, 동물의 특성을 고려하여 전염병 예방을 위한 예방 접종을 정기적으로 실시해야 한다(나 회). 동물의 종류·크기·특성·건강 상태·사육 목적 등을 고려하여 최대한 적절한 사육 환경을 제공해야 한다(다 호의 1). 동물의 사육 공간과 사육 시설은 동물이 자연스러운 자세로 일어나거나 눕고 움직이는 등의 일상적인

동작을 하는 데에 지장이 없는 크기여야 한다(다 호의 2) 등.

또한 별표 1의2는 다음처럼 반려동물에 대한 사육, 관리 의무도 구체적으로 규정해 놓았습니다.

> 사육 공간의 가로세로는 각각 사육하는 동물 몸길이의 2~2.5배 이상이어야 하고, 목줄을 사용해 동물을 사육하는 경우 목줄 길이는 위와 같은 사육 공간을 제한하지 않는 길이여야 한다(제1조 다·마 항), 동물을 실외에서 사육하는 경우 사육 공간 내에 더위·추위·눈·비·직사광선 등을 피할 수 있는 휴식 공간을 제공하여야 한다(제1조 라 항), 동물의 영양이 부족하지 않도록 사료 등 동물에게 적합한 음식과 깨끗한 물을 공급하여야 한다(제2조 라 항) 등.

한편, 2023년 4월 27일부터 시행 예정인 개정 동물보호법에 따르면 동물이 굶주리거나 질병에 걸렸는데 적절한 조치를 취하지 않거나 방치하는 행위를 동물 학대로 규정해 놓았습니다(제9조 제9호). 그뿐 아니라 농림축산식품부령으로 정하는 사육·관리 또는 보호 의무를 위반해 동물에게 상해를 입히거나 동물을 질병에 걸리게 하거나 죽음에 이르게 하는 행위는 보호자의 고의성을 불문하고 처벌할 수 있게 되었습니다(제10조 제2항 제4호 나 목, 제4항 제2호·제3호, 제97조 제1항 제2호, 제2항 제1호·

제3호). 동물 학대 행위자에게는 상담·교육·심리 치료 등 필요한 지원을 받으라고 권고할 수 있고(제89조), 재범 예방을 위해 200시간의 수강을 명령할 수도 있게 되었습니다(제100조).

하지만 제9조에서는 다음처럼 보호자의 사육, 관리 책임 자체를 여전히 "권고" 사항으로만 두어, 동물에게 질병·상해·사망 등의 결과가 발생하기 이전에 방임을 미리 막기는 어렵습니다.

- 소유자 등은 동물에게 적합한 사료와 물을 공급하고, 운동·휴식 및 수면이 보장되도록 노력하여야 한다.(제1항)
- 소유자 등은 동물이 질병에 걸리거나 부상당한 경우에는 신속하게 치료하거나 그 밖에 필요한 조치를 하도록 노력하여야 한다.(제2항)
- 소유자 등은 동물을 관리하거나 다른 장소로 옮긴 경우에는 그 동물이 새로운 환경에 적응하는 데에 필요한 조치를 하도록 노력하여야 한다.(제3항)

이처럼 개정 동물보호법은, 동물 방임 행위가 학대에 해당한다고 하면서도 그 행위 자체는 처벌 대상에서 제외한 것입니다.

'방임'도 학대다

　이런 우리나라 동물보호법과 달리 독일·영국·스위스·미국·호주·싱가포르·타이완 등의 국가들은 보호자가 해야 할 최소한의 사육, 관리 의무를 상당히 구체적으로 규정해 놓았습니다. 이런 내용들입니다.

- 건강 상태에 적합한 먹이를 줄 것
- 질병을 예방하거나 치료하는 수의학적 관리를 할 것
- 적정한 운동 기회를 줄 것
- 정기적으로 관찰할 것
- 청소 등 위생 관리를 할 것 등.

　보호자가 이런 의무를 저버렸을 때는 고의든 실수든 또 그로 인해 동물이 병에 걸리거나 죽었든 아니든 상관없이 그 자

　　　　　　　　　　　　이솔비

체로 동물 학대로 인정해 처벌합니다.[25]

대표적으로 '반려동물의 천국'이라는 독일에서는 보호자에게 동물을 기르거나 돌보는 데 필요한 지식과 능력을 갖출 것을 요구합니다. 구체적으로 개의 품종·나이·건강 상태에 맞게 야외에서 충분히 운동을 시켜야 하고, 개와 충분히 접촉하면서 상호 작용을 해야 하며, 예외로 허용한 상황에서만 개를 묶을 수 있고 그 경우 최소 5미터 이상의 이동 공간을 확보해 주어야 합니다. 이때 개줄은 개의 목을 조이고 개에게 부상을 입히지 않는 방식으로 디자인된, 넓고 날카롭지 않으며 꼬이지 않는 가벼운 소재의 것이어야 합니다. 개가 사는 곳은 항상 깨끗해야 하고 배설물은 매일 치워야 합니다.

스위스는 보호자에게 개를 기르고 관리하는 지식을 갖췄다는 것을 동물 소유권 취득 전후로 증명하도록 하고 있습니다.[26]

미국은 72시간 이상 동물이 관리를 받지 못할 경우 그 동물을 유기된 것으로 추정하는 조항, 동물 방임 시 소유권을 박탈하거나 보호자로부터 동물을 즉시 압수 또는 몰수하여 적절한 공공기관 등에 양도·입양하는 조항, 피해 동물에게 쉴 곳을 제공하는 등 피해 동물을 관리·치료하는 데 든 비용을 보호자에게 변상시키는 조항, 보호자가 벌금·징역형을 받을 경우 동물 소유·점유·보호를 금지하는 조항 등을 통해 동물을 방임한

보호자의 소유권 행사에 여러 실질적인 제한을 가하고 있습니다.[27]

이제 우리도 "동물은 물건이 아니다"는 법적 선언을 넘어 개정 동물보호법을 다음처럼 더 개정해야 한다고 생각합니다.

- 첫째, 보호자의 사육·관리 자격을 법적으로 관리하고, 적절한 사육·관리 책임을 법적으로 강제해야 합니다. 위반 시 소유 동물에게 고통, 질병, 상해, 사망 등이 발생하였는지를 불문하고 방임 행위를 곧바로 처벌할 수 있도록 해야 합니다.
- 둘째, 보호자의 최소 관리·책임을 더 구체화해야 합니다.
- 셋째, 보호자에 대한 처벌, 교육뿐만 아니라 동물 몰수, 소유권 박탈, 동물 소유 금지 등 보호자의 소유권 보유와 행사도 제한할 수 있어야 합니다.

자식을 때리는 행위뿐만 아니라 되는대로 방치하는 것도 이제는 아동 학대지요. 이 경우 친권을 제한받습니다. 반려동물에게 제대로 먹고 자고 안전하고 건강하게 지낼 수 있는 최소한의 환경을 제공해 주지 못하는 보호자 역시 법적인 제한을 받아야 하지 않을까요? "지금껏 그래 온" 것이 학대를 정당화해 줄 수는 없습니다.

이솔비

다만, 시골 개의 경우 많은 시골 어르신이 "그게 잘못인지 잘 몰라서" 그렇게 하셨으리라 생각합니다. 법은 최후의 수단이지만, 때로는 사회 인식을 바꾸기 위해 먼저 나서야 할 때도 있습니다. 개정 동물보호법의 한계를 극복하기 위해서라도 현행 민법이 조속히 개정되어 동물이 여느 물건과 다른 '생명체'로 인정받고, 보호자는 최소한의 관리·책임을 지며, 이를 어겼을 경우엔 소유권을 제한받길 바랍니다. 동물 방임 그 자체를 학대로 정의한 개정법의 취지대로, 방임이 동물 보호나 복지의 관점에서 사회 문제로 본격적으로 인식되고 다뤄지길 또한 바랍니다.

8

동물원 대신
쌩추어리로!

한 주 현

    추위가 맹위를 떨치던 2021년 1월 초 어느 날, 동변의 한 분이 동변 단톡방에 장문의 메시지를 올렸습니다. 길고양이를 챙겨 주는 어떤 블로거의 글을 꾸준히 보고 있는데 최근 글들을 보니 대구의 한 동물원에서 심상치 않은 일이 벌어진 것 같다면서 동변에서 법률 지원을 할 방법이 없을지를 묻는 내용이었습니다. 그러고는 바로 그 블로거의 글 하나를 공유해 주었습니다. 제목은 〈땅바닥 물이라도 마시려고 핥는 동물들〉이었습니다. 클릭해 보니 너무도 처참한 광경이 담긴 사진이 이어졌습니다. 이 동물들을 어떻게든 살려 보려 애쓰는 사람들 모습도 매우 힘들어 보였습니다.

    사건의 전말은 이랬습니다. 대구에 있는 A 동물원은 2019년 산 중턱에 체험형 생태동물원을 표방하며 개장했습니다. 낙타,

라쿤, 붉은여우, 긴팔원숭이, 프레리도그, 미어캣, 몽구스 등 50여 종이나 되는 이국적인 동물들을 보유하고 있었습니다. 개장 초기에는 어느 정도 운영이 됐던 모양입니다. 문제는 2020년 초 코로나 바이러스가 기승을 부리면서 시작됐습니다. 방문객이 줄면서 동물원 수입이 줄어들자 동물원 측에서는 동물들에게 제공하던 물과 사료의 양을 서서히 줄인 겁니다. 그러다가 2020년 8월 이후 전기와 수도가 끊기자 동물 관리를 완전히 놓아 버린 듯합니다. 2020년 10월 28일 마침내 '임대사업자 전기료 체납에 따른 단전과 태풍(마이삭, 하이선)으로 인한 시설 피해 복구'를 핑계로 아예 휴업에 들어갔습니다.

그때부터 조용한 동물 '학살'이 시작됐습니다. 영업을 중단한다고 해서 동물들의 생명까지 중단할 수는 없는 노릇이기에, 동물원수족관법은 휴업 후 반드시 동물 관리 계획을 제출하도록 하고 있습니다. A 동물원 운영사도 그대로 했습니다. 그 계획서에는 휴업 전과 동일하게 동물을 관리하고, 사육자 1명 이상이 늘 근무하도록 하며, 매뉴얼에 따라 물과 사료를 제공하겠다는 등의 내용이 적혀 있었습니다.

하지만 그 내용은 전혀 지켜지지 않았습니다. 휴업 전부터 제대로 주지 않았던 물과 사료를 휴업 이후에 제공했을 리가 없지요. 산 중턱에 위치한 문 닫은 동물원에는 드나드는 사람 하나 없이 울타리와 유리 전시관 안에 감금된 동물들만 남게 되었습니다. 사막에서 영문도 모르고 한국이라는 먼 낯선 나라에 온 낙타는 야외 울타리에 갇힌 채 점점 추워져 가는 날씨를 온몸으로 느끼며 갈증과 배고픔에 시달렸습니다. 열대 지역이 고향인 긴팔원숭이도 무럭무럭 커져만 가는 고드름과 함께 유리 전시관에 갇혀 얼어 죽거나 굶어 죽을 날만을 기다리고 있었고요.

방치된 동물들은 한 마리 한 마리 추위와 갈증, 배고픔에 죽어 갔습니다. 어쩌면 동물원 측이 바라던 일이었을지 모르겠습니다. 동물의 죽음은 곧 동물원의 관리비 절감을 의미하니까요.

그런데 놀라운 일이 벌어졌습니다. 한 여성분이 이 동물들을 발견한 겁니다. 이분이 바로 동변 단톡방에 공유된 블로그[28]의 주인 '금빛실타래' 님이었습니다. 처음에는 말 몇 마리만 발견해 말들에게 고구마, 당근 등 먹을 것을 챙겨 주었다고 합니다. 그러다가 낙타, 원숭이, 토끼, 염소, 양 등 다양한 동물이 있다는 사실도 알게 되었지요. 그 동물들은 모두 배고프고 목마른 상태였습니다. 전시관에 갇혀 있던 원숭이와 라쿤은 얼마나 목이 말랐던지 사람들이 작은 구멍에 호스를 집어넣어 물을 주자 구멍 앞에 바싹 앉았다가 땅바닥에 흘러내린 물을 허겁지겁 핥았습니다.

금빛실타래 님은 가족들과 함께 무려 10개월 동안 매일 동물원으로 올라갔습니다. 물통과 야채 박스가 담긴 수레를 끌고 말이지요. 특히 겨울에는 하루만 지나도 물이 꽁꽁 얼어 버렸기 때문에 단 하루도 거를 수가 없었다고 합니다. 그것이 전부가 아닙니다. 아무도 치우지 않아 바닥 전체가 똥 무더기였던 사육장도 청소했습니다. 동물들이 똥 무더기 위에서 먹고, 자고, 생활하는 모습을 도저히 볼 수 없었기 때문이지요.

이분은 이 기막힌 상황을 하나하나 사진으로 찍어 장문의 글과 함께 블로그에 올렸습니다. 마치 폐업 후 재고 상품을 아무렇게 버려둔 것처럼 살아 있는 동물들을 방치한 모습에 사람들은 경악했습니다. 블로그를 본 사람들은 이분과 가족의 활동에 감동하면서 한편으로는 이분들과 동물들을 도울 수 있는 동물권 단체가 없을까 하고 함께 고민했습니다. 하지만 현실적으로 낙타 같은 큰 개체의 동물을 포함해 몇십 종의 다양한 동물을 한꺼번에 보호할 여력이 있는 동물권 단체를 찾기란 쉽지 않았습니다.

한주현

동변 변호사들도 블로그 글들을 보며 분기탱천하지 않을 수 없었습니다. 당시 동변은 막 돌고래 전시, 사육에 대한 비판적인 연구를 마친 상태였기 때문에 특히 동물원과 수족관 동물들의 권리에 관심이 높았습니다. 생명체를 한낱 돈벌이 수단으로만 취급하는 A 동물원의 행태에 대한 성토와 비난이 한창 이어졌습니다. 하지만 성토와 비난만으로는 아무 문제도 해결할 수 없기에 동변은 금빛실타래 님과 동물들을 도울 방법을 찾아보기로 했습니다.

처음 블로그를 발견한 변호사가 금빛실타래 님과 대화를 시도했고, 나머지 사람들은 동물들을 보호해 줄 수 있는 동물권 단체를 수소문했습니다. 나아가 동물원을 형사 고발할 경우를 대비해 법리 검토에 돌입했습니다.

다행히 금빛실타래 님과 대화도 잘되었고, 동변의 한 분이 고문으로 있는 비글구조네트워크에서 동물 구조에 관심도 보였습니다. 원숭이는 국제적 멸종위기종이라서 개인이나 단체가 마음대로 구조할 수 없습니다. 그래서 소관 부처인 환경부(대구지방환경청)와 논의를 했습니다. 염소, 양 등은 동물원이 인근 농장에 판 상태라 비글구조네트워크가 농장주들을 설득해 적당한 가격을 주고 소유권을 넘겨받는 식으로 구조에 나섰습니다.

동물들이 구조되는 동안, 동변은 동변이 할 수 있는 일 즉, 동물 방치에 책임 있는 자들을 형사 고발하는 일에 집중하기로 했습니다. 동물원이 위반한 법은 크게 세 가지였습니다.

첫 번째, 동물원수족관법을 위반했습니다. 동물원수족관법은 "보유 동물을 감금하여 고통을 주거나 상처를 입히는 행위"(제7조 제1호), "보유 동물에게 먹이 또는 급수를 제한하거나 질병에 걸린 보유 동물을 방치하는 행위"(제7조 제4호)를 금지하고 있고, 이를 위반할 경우 1년 이하의 징역 또는 1천만 원이하의 벌금에 처하고 있습니다. A 동물원은 폐업한 이후에도 동물들을 그대로 동물원에 감금해 두었고 물과 사료를 제때 주지 않는 등 방치하여 동물들에게 고통을 주었습니다. 정확하게 동물원수족관법이 금지하고 있는 일들을 한 겁니다.

또한 동물원수족관법은 동물원 내 인력 현황, 보유 동물 종류와 개체 수 등이 변경되면 이를 반드시 기록하여 3년 동안 보존하도록 하고 있고, 이 기록을 연 1회 시도지사에게 제출하도록 하고 있습니다. 이를 위반한 경우 500만 원 이하의 벌금을 물리고요. A 동물원에게는 이런 동물원 운영 수칙들을 지키지 않은 혐의도 있었기 때문에, 이 부분 역시 고발 사유에 포함되었습니다.

두 번째, 동물보호법을 위반했습니다. 동물보호법은 "정당한 사유 없이 동물에게 신체적 고통을 주거나 상해를 입히는 행위"(제8조 제2항 제4호)를 금지하고 있고, 이를 위반한 경우 2년 이하의 징역 또는 2천만 원 이하의 벌금에 처하고 있습니다. 만약 A 동물원이 동물원수족관법을 위반한 것이 아니라는 판단을 받더라도, 동물원수족관법보다 상위법인 동물보호법 위반이 될 수 있으므로, 동변은 동물보호법 위반의 책임도 함께 검토했습니다.

사실 동물보호법 위반을 문제 삼은 이유는 단순히 동물원이 동물들을 방치했기 때문만은 아닙니다. 동물원 폐업 이후 몇몇 동물이 인근 야산으로 도망가 주민들이 민원을 제기하자, 동물원이 그 동물들을 목매달아 죽였다는 제보가 있었기 때문이지요. 실제로 계단 울타리에 목매달려 죽어 있는 염소를 발견하기도 했습니다. 동물보호법은 "목을 매다는 등의 잔인한 방법으로 동물을 죽음에 이르게 하는 행위"(제8조 제1항 제1호)를 금지하고 있고, 이를 위반한 경우 3년 이하의 징역 또는 3천만 원 이하의 벌금을 내도록 하고 있습니다. 그러므로 동물원이 고의로 동물을 목매달아 죽인 것이 사실이라면 동물보호법 위반의 책임은 필연적으로 뒤따를 수밖에 없었습니다.

세 번째, 야생생물법을 위반했습니다. 동물원에 방치되어 있던 낙타와 원숭이는 국제적 멸종위기종입니다. 야생생물법은 환경부 장관의 허가를 받지 않고 국제적 멸종위기종을 소유·점유·진열하지 못하게 하고 있습니다. 이를 위반한 경우 2년 이하의 징역 또는 2천만 원 이하의 벌금에 처하고 있습니다. 또한 국제적 멸종위기종을 사육하는 경우에는 적정한 사육 시설을 갖추어 환경부 장관에게 등록하도록 하고 있고, 이를 위반한 경우 3년 이하의 징역 또는 300만 원 이상에서 3천만 원 이하의 벌금을 내도록 하고 있습니다. 당시 동변이 대구시청 관계자 등에게 문의한 결과 동물원 측에선 환경부 장관의 허가를 받지 않고 낙타와 원숭이를 동물원에 반입했을 가능성이 매우 큰 것으로 확인되었습니다. 이에 동변은 동물원의 야생생물법 위반 여부도 함께 수사해 줄 것을 촉구하며 고발 사유의 하나로 삼았습니다.

2021년 2월, 동변은 위와 같은 법 위반을 근거로 대구경찰청에 A 동물원을 고발했습니다. 이 무렵 동물원 측의 충격적인 행태는 언론 보도를 통해 이미 알려진 상태였습니다. 청와대 국민 청원 게시판에 A 동물원을 철저히 조사해 달라는 청원

한주현

글이 올라오기도 했지요.

가장 중요한 일이었던 동물 구조는 성공적으로 이루어졌습니다. 비글구조네트워크는 원숭이들을 대구지방환경청을 통해 임시 보호 시설로 옮겼습니다. 원숭이들은 현재 2021년 7월 개관한 '국제적 멸종위기동물 보호 시설'(환경부 산하 국립생태원이 운영)에서 보호받고 있습니다.

동변의 고발 후 경찰청에선 반년 넘게 수사를 벌였고, "운영 관리 기록 유지 및 보존 의무를 위반하고 동물원 변경 등록 시 거짓 자료를 작성하여 제출한 혐의"(동물원수족관법 위반), "정당한 사유 없이 동물에게 신체적 고통을 준 혐의"(동물원수족관법·동물보호법 위반) 등을 인정했습니다. 그리고 마침내 2022년 9월, 법원은 A 동물원 운영자의 '동물보호법' 및 '동물원 및 수족관의 관리에 관한 법률' 등 위반 혐의를 인정해 징역 1년에 집행유예 2년의 판결을 선고했습니다.

동물원은 왜 있는 걸까

A 동물원 사건에서 알 수 있듯이 동물원 운영 주체가 생명에 대한 올바른 가치관을 확립해 두고 있지 않으면 동물원은 동물이 보호받는 곳이 아닌 고통받는 공간이 될 수밖에 없습니다. 실제 국내의 많은 동물원은 동물들이 본성대로 살 수 있는 환경은 조성하지 않은 채 그저 동물들을 가두어 놓고 전시해 돈을 버는 데만 급급하다는 비판을 받고 있습니다.

그렇다면 동물권에 대한 사회적인 인식 수준이 높은 유럽과 영미권 국가들은 동물원을 어떻게 운영할까요? 아예 동물원이 없을까요? 그렇지는 않습니다. 그 나라들에도 동물원은 있습니다. 다만, 동물원을 운영하는 목적과 운영 방식이 우리와 다를 뿐입니다.

유럽연합EU은 1999년 동물원의 야생동물 사육에 관한 의회 지침COUNCIL DIRECTIVE 1999/22/EC of 29 March 1999 relating to the

한주현

keeping of wild animals in zoos을 마련했습니다. 이 지침은 동물원의 역할을 '종 보존, 보존 기술 훈련, 종 보존에 관한 정보 교환, 적절한 포획·번식·재생산 그리고 야생으로 돌려보내기'로 규정하고 있습니다. 한마디로 동물원은 인간들이 동물을 구경하는 공간이 아니라, 다양한 동물 종을 보존하고 그 동물들이 다시 야생으로 돌아갈 수 있게 훈련하는 공간이라는 것입니다.[29]

실제로 많은 나라가 동물원 대신 '생추어리(Sanctuary, 안식처)'를 운영하는 쪽으로 가고 있습니다. 생추어리는 자연 서식지에 최대한 가까운 환경을 갖추어 동물을 보호하는 시설을 말합니다. 미국 콜로라도주의 생추어리 TWAS The Wild Animal Sanctuary는 초원 면적이 무려 약 96만 평(319헥타르)에 달하는데, 여기에서 보호받는 동물들은 개방된 서식지에 살며 사람들에게 전시되는 것을 강요당하지 않습니다. 이 생추어리는 10년 넘게 뜬장에 갇혀 죽을 날만을 기다리던 국내 사육곰 22마리를 받아들여 유명해지기도 했지요.[30]

동물권에 대한 인식이 높아지면서 동물원을 비판적으로 바라보는 시각도 많아졌습니다. 하지만 여전히 우리나라는 다른 나라에서는 볼 수 없는 형태의 동물원을 다수 운영하고 있습니다. 동물 전시를 규제하는 법규가 촘촘하지 않기 때문이지요. 과연 실내에서 사육하는 것이 가능할까 싶은 온갖 이국적인 동물을 전시하고 있는 실내동물원부터 사람이 동물을 마구잡이로 만질 수 있도록 하는 체험동물원까지 동물을 그저 '대상화'하는 각양각색의 동물원이 도심 한가운데에서 인기리에 운영되고 있습니다. 이런 동물원들은 어린 자녀가 있는 가족들을 주 고객층으로 삼고 있다고 합니다. 동화책이나 만화영화에서 보던 다양한 동물을 직접 보고 싶어 하는 아이들을 위해 학부모들이 접근성 좋은 대형 쇼핑몰 안에 있는 체험형 실내동물원 방문을 선호하기 때문입니다.

하지만 자신이 살던 환경과 전혀 다른 낯선 나라의 콘크리트 건물 안에서 본래의 습성을 전혀 발휘하지 못한 채 무력하게 사람의 손길에 내던져진 동물들을 보며 아이들이 배울 수 있는 것은 과연 무엇일까요. 박물관에 전시된 유물들처럼 살아 있는 동물들도 전시될 수 있다는 것? 혹은 물건처럼 동물도 원할 때 언제든 만질 수 있는 대상이라는 것?

한주헌

동물원 대신 생추어리로!

　단순히 동물들의 다양한 모습을 관찰하는 것만을 원한다면 굳이 수고스럽게 동물원을 방문할 필요는 없습니다. 지금은 집 안에서 다양한 시청각 자료를 통해 온갖 동식물을 관찰할 수 있는 시대이기 때문이지요. 동물원의 기능은 '관찰'에만 있지 않습니다. 동물원이라는 공간에서 아이들이 배울 수 있는 최고의 가치는 바로 생명의 신비와 위대함입니다. 아이들은 살아 있는 동물들을 보며 지구에는 모습이 다양한 여러 생명체가 인간과 공존하고 있다는 사실을 새삼 실감하게 됩니다. 그래서 인간과 전혀 다르게 생긴 기린·코끼리·돌고래 등을 보면 "우와!" 하며 탄성을 내지르는 것이지요.

　하지만 한국에서 인기를 얻는 실내동물원, 체험동물원 등은 생명의 신비와 위대함을 배울 수 있는 공간이 전혀 아닙니다. 오히려 생명을 유희와 오락, 언제든 내가 원하면 만질 수 있는 도구적 대상으로 보게 해서 생명 경시 사상을 부추기는 공간일 뿐이라고 한다면 너무 심한 평가일까요? 이제는 국내의 동물원들도 구경하고 만지는 동물원이 아니라, 생명의 신비와 위대함을 배울 수 있는 생추어리로 바뀌어야 할 때입니다.

2022년 12월 이루어진 '동물원 및 수족관의 관리에 관한 법률'의 전면적 개정은 우리나라 동물원들이 생추어리로 변화할 발판을 마련했다고 평가할 수 있습니다. 지금까지 우리나라에서는 누구나 등록 규모만 충족하면 동물원을 운영할 수 있었습니다. 이렇게 운영 자격 획득 절차가 허술했기에 A 동물원 같은 사례가 발생했던 것입니다. 그러나 법이 개정되면서 앞으로는 동물원을 운영할 만한 자격이 있는지를 지자체가 제대로 심사하게 됩니다. 아무나 동물원을 운영할 수 없게 된 것입니다.

이제는 동물을 돈 버는 수단으로만 봐서는 동물원 운영이 쉽지 않을 것입니다. 그렇다면 아예 기존의 동물원을 탈피해 제대로 된 생추어리를 조성하는 작업을 시작해 보는 건 어떨까요. 2020년 경상북도는 봉화군에 '국립 백두대간 생추어리'를 조성하겠다고 밝힌 바 있습니다. 최대한 넓은 공간을 확보하고 숲의 생태를 유지해 야생동물들이 그곳에서 자유롭게 살아갈 수 있게 하겠다는 계획입니다. 경상북도의 계획이 현실로 이루어질 날을 기대해 봅니다.

한주현

9

애니멀 호더는 왜
사라지지 않을까

권유림

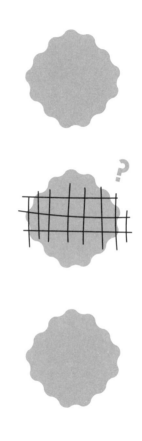

어쩌다 그곳은 '지옥'이 되었을까

"개들의 지옥" 하면 가장 먼저 검색되는 곳이 '애린원'입니다. 20여 년 전 막 동물보호소를 열었을 때 애린원 원장은 이런 결말을 상상하지 않았으리라 생각합니다. 처음엔 유기견들이 가엾어서 돌보기 시작했을 겁니다. 그런데 점점 더 늘어나 제때 중성화 수술을 하기 어려워졌고 급기야 감당할 수 없는 지경에까지 이른 게 아닐까 싶습니다.

또한 원장은 봉사자, 후원자들이 생기면서 어느 순간 동물들이 있어야 자신도 살 수 있다고 생각한 것 같습니다. 많은 개체 수가 유지돼야 사람들이 지속적으로 관심을 갖고 그래야 후원금이 이어진다고 계산한 것이죠. 결국 점차 개들의 복지는 등한시한 채 오직 개들을 늘리는 데만 몰두한 듯합니다.

공간은 한정돼 있는데 개들이 늘어나면 자연 사는 곳이 위생적이기 어렵지요. 이 때문에 면역력이 약한 강아지들이 많이 죽었습니다. 그뿐 아니라 좁은 공간, 부족한 먹이는 개들을 예민하게 만들어 서로 싸우는 일이 잦았고 그 과정에서 다치고 죽는 일도 생겼습니다. 원장은 아궁이를 만들어 직접 사체를 화장하기에 이릅니다.

애린원 환경이 점점 더 나빠지자 봉사자들은 원장에게 불만을 토로하고 후원금을 어떻게 썼는지 공개해 달라고 했습니다. 그러자 원장은 봉사자들의 출입을 금지했고, 보호소는 더 폐쇄적인 곳이 되어 버립니다. 물론 그 피해는 고스란히 2천여 마리의 개들이 입었지요.

이를 안타깝게 지켜보던 크고 작은 동물권 단체들이 온정의 손길을 내밀었지만, 원장은 그 손길도 모두 강하게 거부했습니다. 그 바람에 애린원은 '사설' 보호소란 이름으로 십수 년 동안 끔찍한 "개들의 지옥"으로 전락하고 말았습니다.

권유림

애린원과 벌인 지난한 소송

　이런 애린원이 새로운 전기를 맞은 건 2011년에 땅 소유자들이 나타나면서입니다. 당초 애린원 부지는 대한민국 명의로 돼 있고, 애린원 원장은 무단 점유를 하고 있는 상태였습니다. 그런데 개인들이 '조상 땅 찾기 소송'을 통해 소유권을 취득했고, 이들에게서 토지를 산 당사자들이 뒤늦게나마 애린원에 시설물 철거와 토지 인도 소송을 제기했지요.

　그리고 2013년 조정을 갈음하는 결정†이 내려집니다. 법원은 애린원에 개 시설물들을 철거하고 땅 소유자들에게 토지를 넘기라고 하지요. 애린원은 나가지 않고 버텼고, 결국 사건 처리

🔊 **조정 결정**　조정전담판사가 합의하지 못한 사건 또는 당사자 사이에 합의한 내용이 적당하지 않다고 인정한 사건에 관해 사건의 공평한 해결을 위해 직권으로 결정하는 것을 말한다. 이 결정에 이의가 있을 경우 당사자는 이런 결정 통보를 받은 날로부터 2주일 안에 이의를 신청할 수 있다. 이의를 제기하지 않는 경우에는 결정이 확정 판결과 동일한 효력을 가진다.

를 위해 법원 공무원인 집행관✝이 나섭니다. 하지만 2천여 마리에 달하는 개를 포획할 방법도, 관리할 공간도 없었기 때문에 강제 집행을 하지 못하고 맙니다.

그 뒤로 5년이 흐른 2017년 비글구조네트워크에서 저에게 도움을 요청해 왔습니다. 당시 저는 이 단체에 필요할 때마다 법률 자문을 해 주고 있었습니다. 단체에서는 애린원 사건을 설명하면서 "판결문은 있으니 집행만 하면 된다"고 했습니다. 법조계에 몸담은 지 몇 년 안 된, 새내기 변호사였기에 저는 이 사건 집행이 얼마나 힘들지 예상하지 못하고 그저 봉사한다는 호기로운 마음으로 요청을 수락했습니다.

2017년 8월, 강제 집행을 신청했더니 애린원에서 변호사를 선임해 '강제 집행 정지 신청'과 '청구 이의 소송'을 제기했습니다. 원장은 이전에도 애린원을 개인 소유에서 사단법인으로 점유 주체를 바꾼 적이 있습니다. 저는 10월경 '점유 이전 금지 가처분✝'을 신청해 더는 점유 주체✝를 바꿀 수 없게 했습니다.

그런데 11월에 애린원이 제기한 '청구 이의 소송'에 대응하던 중, 개 사육장 위치가 많이 달라져 기존 판결문으로는 집행이 어려울 것 같다는 집행관 소견을 들었습니다. 그래서 만일의 사태를 대비해 이전 것과 내용은 같지만(토지는 인도하고, 시설물은 철거하며, 유기 동물은 데려갈 수 없고, 점유자만 퇴거하는 등의 내용을 담은) 새로운 형식의 소송을 제기했습니다.

권유림

치열한 공방 끝에 2018년 1월 애린원은 청구 이의 소송을 취하했습니다. 저는 3월경 기존 판결에 기초해서 다시 강제 집행을 신청했는데, 예상대로 7월경에 "시설물 형상이 서로 다르다"는 이유로 강제 집행을 할 수 없다는 결정이 내려졌습니다. 다행히 앞서 말했듯이 이를 대비한 소송을 벌인 덕분에 8월경 다시 '화해 권고 결정⁺'으로 승소 판결이 확정됐고, 2019년 2월경에 새로운 판결에 기초한 강제 집행을 다시 신청할 수 있었습니다.

그리고 마침내 9월 25일 오전 10시경, '007 작전'을 방불케 하는 강제 집행이 시작됐습니다! 애린원이 방해할 것이 명백했

🔍 **집행관** 법률, 명령, 재판, 처분 따위의 내용을 실행하는 관리.

🔍 **점유 주체가 바뀌면 무엇이 문제일까?** 판결은 판결문에 명시된 원고와 피고에게만 효력이 미친다. 2011년 소송 때는 애린원 원장 공경희가 원고로 돼 있었는데, 판결 이후 원장이 사단법인 애린원을 설립해 점유 주체를 바꾸는 꼼수를 부렸다. 원고가 바뀌니 판결의 효력이 미치지 못하게 됐고, 결국 집행할 수 없는 상황이 발생했다. 이에 변호사는 공경희와 애린원 법인이 실제로는 동일한 주체임을 법원에 증명했고('승계 집행문 부여의 소'), 다시 애린원을 상대로 강제 집행을 할 수 있게 된다. 물론 앞서 언급했듯이 집행관들은 이러저러한 이유를 들어 집행은 하지 않았다.

🔍 **화해 권고 결정** 소송이 계속되는 사건에 대해 법원이 당사자의 이익과 그 밖의 모든 사정을 감안해서 청구 취지에 어긋나지 않는 범위에서 사건의 공평한 해결을 위해 직권으로 내리는 결정. 이 결정문을 받은 날로부터 2주 안에 이의를 신청하지 않으면 확정 판결과 같은 효력을 가진다.

기 때문에 봉사자들의 손을 빌릴 수 없더라도 날짜를 극비에 붙이고 '급습'의 방법을 취했습니다. 애린원 원장은 경찰들의 만류에도 집행 당일 LPG 가스통을 열고 불을 붙이려는 만행을 저지르기도 했습니다. 1500마리 이상의 개가 애린원에 있을 것으로 추정됐습니다.

우리는 미리 수의사, 동물훈련사 등 전문가 40여 명을 법원 허락을 받아 대기시켰습니다. 이분들이 개들을 케이지에 담아 애린원 밖으로 내놓으면 다시 안전한 장소로 옮기는 식으로 작업은 이루어졌습니다. 종일 했는데도 그날은 1040마리밖에 구조하지 못했습니다. 2차 집행을 기약하며 일단 작업을 중단했습니다.

2차 강제 집행일을 앞두고, 애린원 원장이 남아 있는 개들을 트럭에다 실어 데려가려 한다는 소식을 접했습니다. 부랴부랴 집행된 동물들과 애린원 부지에 남은 동물들에 대한 가압류를 신청해 집행 당일 가압류 결정을 받아 냈습니다. 2019년 10월 1일, 나머지 126마리마저 구조하면서 집행을 마쳤습니다. 구조한 1166마리는 모두 비글구조네트워크에서 맡았고, 국내외로 계속 입양을 추진하고 있습니다.

지난한 소송이었습니다. 소송 이름만 적어도 종이 한 장이 다 찰 정도였습니다. 계속 변수가 생겨 어려움의 연속이었지요. 더욱이 혼자 진행하다 보니 힘에 부쳤습니다. 곁에서 늘 응원

권유림

하고 감사 인사를 건넨 비글구조네트워크를 비롯한 많은 분이 있었기에 버틸 수 있었고, 구조된 1166마리 아이들의 밝아진 표정이 힘든 과정을 잊게 했습니다.

'함께'가 일으킨 '기적'

    구조 직후, 비글구조네트워크는 애린원 땅 소유자들의 허락을 받아 1166마리의 새로운 보금자리를 마련할 때까지 애린원 부지를 정비해 쓰기로 했습니다. 환경 폐기물 총 750톤(25톤 차량 30대 분량)과 오염된 토사를 치우느라 애를 먹었습니다. 이후 이곳을 쉼터로 운영하는 한편, 충남 보은에 새 보금자리를 구해 대형견들 위주로 이전시켰습니다.

    애린원 철거는 구조된 개들의 수만 봐도 알 수 있듯이 한두 사람의 노력으로 할 수 있는 일이 아니었습니다. 그래서 애린원 철거가 구체화되자, 전국 수의사와 동물병원에서 애린원 개들이 구조되면 의료 지원을 하겠다고 성명서를 냈고, 수백 명의 봉사자가 당장 구조에 힘을 보탤 뜻을 보내왔습니다.

    이분들은 모두 약속을 지켜 주었습니다. 매일 적게는 수십 명에서 많게는 백 명이 넘는 봉사자가 포천으로 찾아와 구조된 개들의 상처를 어루만져 주었고, 어리거나 아픈 개체들은 집으로 데려가 임시 보호를 해 주었지요. 또 누구는 사료·옷·간식 등을 보내 주었고, 기부금을 보내 새 보금자리를 짓는 데 도움을 주었습니다.

기존 애린원은 중성화 수술을 하지 않고 암컷, 수컷을 한 공간에 그냥 키웠기 때문에 구조 후에도 두 달여 동안은 매일 출산하는 개들이 있었고, 그렇게 눈을 뜬 새 생명이 200여 마리가 넘었습니다. 그뿐만 아니라 쉼터 근처에 버려진 개들(애린원이 철거된 이후에도 개들을 보호하는 곳이라는 사실을 알고는 쉼터 근처에 개를 버리고 가는 사람들이 있었다)과 사료 냄새를 맡고 주변에서 몰려온 유기견들까지 다 품다 보니 돌봐야 하는 개들이 실제로는 1500마리가 넘었습니다. 그런데 이 중 1천 마리가 넘는 개가 모두 입양되었습니다. 수많은 봉사자와 활동가 그리고 여러 동물권 단체의 도움 덕분이지요. 이런 일이 '기적' 아닐까 싶습니다.

수수방관하는 지자체

애린원 철거 과정에서 아쉬웠던 것은 관할 지자체의 태도였습니다. 폐쇄되기까지 20여 년 동안 애린원은 주민들과 분쟁이 끊이지 않던 포천시의 '앓던 이'였습니다. 당연히 지자체가 먼저 해결하려고 애써야 했지요. 그런데 그런 문제를 동물권 단체가 어렵게 해결해 갔는데도 포천시는 강제 집행 당일은 물론이거니와 애린원 폐쇄 이후에 새롭게 유입된 유기견들 구조 문제도 책임을 지려 하지 않습니다.

특히 새로 유입된 개체가 434마리나 되고 대부분 사람을 따르지 않는 대형견들이었습니다. 비글구조네트워크는 일단 사람들에게 위협이 되고 로드 킬 위험도 커 배회하는 동물들을 구조해 나갔습니다. 그런 후 포천시에 동물보호법(제16조)에 따라 '유실·유기 동물' 신고를 했습니다. 그러면 지자체는 10일 동안 공고를 내서 보호자를 찾고, 만약 보호자가 나타나지 않

권유림

으면 자신들이 소유권을 취득해 입양을 보내든 단체에 기증을 하든지 해서 소유관계를 명확히 해야 합니다.

그런데 계속되는 유기 동물 신고에도 포천시는 아무 반응이 없었습니다. 비글구조네트워크는 2020년 1월 2일 포천시에 정식 공문을 보내 '유기 동물 인수와 보호 비용'을 청구했습니다 (동물보호법 제16조 제2항 제1호). 4월 28일 비글구조네트워크와 시청 담당자가 만났습니다. 그 자리에서 담당자는 '유기견 인수는 가능하지만, 포획 후 발생한 보호 비용은 감면해 달라'는 취지의 말을 했습니다.

하지만 이후 포천시는 돌변해 강제 집행 이후 구조된 개들이라 기존 애린원 개들이라는 증거가 없는데도 "유기견으로 볼 수 없다"며 개들을 데려가지도, 현재까지 보호 비용을 지급하지도 않고 있습니다. 결국 이 문제는 또 다른 민사소송으로 이어졌고 현재 계속 재판 중입니다. 부디 포천시가 지자체로서 사회적 책임을 인식하여 이 마지막 분쟁이 원만히 해결되기를 바랍니다.

동물보호법은 "반려동물에게 최소한의 사육 공간 제공 등 농림축산식품부령으로 정하는 사육·관리 의무를 위반하여 상해를 입히거나 질병을 유발시키는 행위"(제8조 제2항 제3의2호)를 동물 학대 행위로 추가하면서 이를 위반 시 형사 처벌하는 규정을 신설했습니다. 이는 동물을 모으는 것에 지나치게 집착하나 기르는 일에는 무관심하여 방치하는 사람인 '애니멀 호더animal hoarder'가 사회적으로 계속 문제가 되자 이들을 처벌하고자 신설된 조항입니다. 하지만 이런 규정과 처벌 조항에도 제2, 제3의 애린원이 전국 곳곳에서 계속 생겨 걱정입니다.

최근 저는 '태안시 보호소' 관련 제보를 받고 고발을 준비 중입니다. 고발인에 따르면, 한 할머니가 자신이 관리할 수 있는 개체 수를 훨씬 초과한 70여 마리를 방치하다가 동물권 단체와 지자체의 설득으로 소유권을 포기하고 개와 고양이들을 인도해 주었다고 합니다. 그런데 얼마 후 할머니 집에 가 보니 또 다시 개 십여 마리가 있었습니다. 고발인은 더는 안 되겠다 싶어 고발을 결심했다고 합니다.

이는 현행법이 애니멀 호딩으로 인해 동물들이 다치거나 죽게 된 경우는 행위자를 처벌하지만, 애니멀 호더가 재차 동물을 키우는 것은 금지하지 않고 있어 생긴 문제입니다. 애린원 철거 당시 원장이 남아 있는 개들을 트럭에 실어 데려가려던 모습을 보더라도 애니멀 호더들은 같은 행위를 반복할 가능성이 아주 큽니다.

법은 처벌도 중요하지만 예방에도 힘을 기울여야 한다고 봅니다. 법을 위반하면 처벌받는다는 불안감을 조성해 아예 범죄를 못 저지르게 할 수도 있지만, 이런 방법으로 안 되는 대상들도 분명 있습니다. 이 경우에는 조금 더 제도를 강화해서 위반을 반복하지 못하게 강제하는 수밖에 없다고 봅니다.

현행법에 따르면, 보호자가 동물을 학대할 경우 그 동물을 일정 기간 격리해 보호할 수는 있지만, 그 기간이 지난 후 보호자가 요구하면 다시 돌려줘야 합니다.

> 특별시장·광역시장·도지사 및 특별자치도지사와 시장·군수·구청장은 제14조 제3항에 따라 소유자로부터 학대받은 동물을 보호할 때에는 수의사의 진단에 따라 기간을 정하여 보호 조치하되 3일 이상 소유자로부터 격리 조치를 해야 한다.(동물보호법 시행 규칙 제14조)

    법에는 "3일 이상"이라고만 기간이 규정되어 있는데 보통 유기 동물의 법정 보호 기간이 10일인 점을 고려하면 1주일 안팎인 경우가 많습니다. 보호자들은 대부분 3일이 지나면 반환을 요구하고, 강제로 소유권을 빼앗을 수 없기 때문에 돌려줄 수밖에 없습니다.

    보호받는 동안 동물들은 별도로 마련된 장소가 아닌 지자체에서 운영하는 동물보호센터에서 지내게 됩니다. 학대당한 동물들은 정서적 치료가 필요한데, 그럴 수 있는 환경인지 의문이 듭니다. 물론 이슈가 되는 동물들은 가끔 동물권 단체 등에서 보호하도록 허락도 하고, 치료가 시급한 동물들은 입원시켜 치료 후 돌려주기도 합니다. 이 경우 병원비는 보호자에게 청구합니다.

    결국 학대한 보호자에게 돌아가기 때문에 동물 입장에서는 안전하지 않은 조치지요. 국회에서도 이런 문제를 인지하고 동물을 학대한 경우 소유권을 제한하는 내용을 담은 동물보호법

권유림

개정안을 발의하였지만, 안타깝게도 이번 개정법에는 반영되지 못했습니다. 부디 빠른 시간 안에 이 내용이 다시 안건으로 올라 마침내 법에 명시되길 바랍니다. 나아가 가정 폭력을 비롯한 여느 폭력처럼 동물 학대 역시 한 번으로 끝나지 않는다는 점을 명심하여, 사육 금지 같은 강력한 처벌이 제도로 자리 잡기를 빕니다.

10

잘 죽이는
법

김성우

"유기견들의 대부"의 실체

   동변은 2021년 10월경, 보호 중인 동물들을 안락사하지 않는다는 이유로 "유기 동물들의 천국"이라고 칭송받던 군산 유기 동물 보호소(이하 군산 보호소)의 A 소장(당시)을 동물보호법 위반 혐의로 고발했습니다. 지금은 군산 보호소를 떠나 사설 유기 동물 보호소를 운영 중인 A 소장을 고발한 이유는 보호 중인 동물들을 잔인하고 고통스럽게 죽음에 이르게 했기 때문입니다.

   군산 보호소 사건을 처음 접한 것은 한 탐사보도매체의 기자를 통해서입니다. 기자는 "군산에서 유기견들을 잔인하게 죽이고 있는 보호소가 있어서 취재 중인데 법률 검토를 도와줄 수 있느냐"고 했습니다. 지자체가 운영하는 보호소든 사설 보호소든 보호 중인 유기 동물들을 안락사하는 일은 비일비재했기 때문에 처음 전화를 받았을 때만 해도 이 사건이 그렇게 특별하게 여겨지지는 않았습니다.

　그런데 기자가 취재한 내용과 공익 신고자들의 제보 내용을 들은 이후 생각이 180도 바뀌었습니다. 너무나 충격을 받아 그 내용들이 사실인지 수차례 되물어볼 수밖에 없었습니다. 제가 이토록 충격을 받은 이유는 두 가지였습니다. 첫 번째는 그 행위를 한 사람이 동물을 안락사하지 않는 유기견 보호소를 운영한다는 이유로 "유기견들의 대부"라는 별명까지 얻은 사람이었다는 점이었고, 두 번째는 안락사가 단순히 수의사가 없는 상태에서 이루어진 정도의 불법성을 띤 것이 아니라 의식이 생생하게 살아 있는 유기견들을 대상으로 심정지약을 곧바로 투입하는 형태로 이루어진, 너무나도 잔인하고 무서운 방식으로 이루어졌다는 점 때문이었습니다.

　개들은 아주 순수한 존재여서 한 번 마음을 연 상대에게는 아무런 의심도, 그 어떤 계산도 하지 않고 자신의 모든 것을 내어 줍니다. A 소장이 죽인 유기견들 역시 죽는 그 순간까지 소장을 주인으로 따르고 좋아했다고 합니다. 사건의 전모를 듣고 A 소장을 꼭 고발해야겠다고 결심했습니다. 죽은 아이들의 슬픔을 조금이라도 달래 주고 싶었습니다.

김성우

열흘 지나면 안락사

군산 보호소는 2018년부터 지자체의 위탁을 받아 운영되는 곳이었습니다. 유기견들을 주로 보호했고, 동물들을 안락사하지 않는다는 이유로 "유기 동물들의 낙원"으로 불리며 유명해졌습니다.

대체 안락사가 무엇이기에 이렇게 칭송을 받은 것일까요. 그 배경은 이렇습니다. 유기되어 보호소에 들어온 동물들은 '동물 보호 관리 시스템'에 공고됩니다. 일정한 기간이 지났는데도 보호자가 나타나지 않거나 제3자에게 분양되지 않으면 그 동물은 '인도적 처리'의 대상이 됩니다. 여기서 인도적 처리란 우리가 흔히 알고 있는 '안락사'를 말합니다. 유기 동물은 해가 갈수록 늘어나는데 보호소 공간은 제한돼 있다 보니 어쩔 수 없이 안락사를 하는 구조가 형성된 것이지요. 지자체마다 공고 기간이 조금씩 다른데, 보통 10일입니다. 군산 보호소가 속해 있는 전라북도 역시 10일이 지나면 인도적 처리를 할 수 있게 조례로 규정해 놓았습니다.

이런 배경 때문에 군산 보호소에서는 안락사를 하지 않는다고 하여 사람들이 감동하고 열광했던 것이지요. 실제로 A 소장은 다양한 동물 관련 TV 프로그램에 출연해 이런 점을 자주 홍보했습니다. 저 역시 그 내용을 믿어 A 소장과 보호소를 우러러보고 감사한 마음도 가졌습니다.

심지어 저는 독일의 유기 동물 보호 시스템이 우리나라에도 도입될 수 있겠다는 희망까지 품었습니다. 독일은 기본적으로 펫숍이 아니라 유기 동물 보호소에서 입양이 가능합니다. 보호소 동물의 90퍼센트가 새 가족을 만나지요. 이러한 이유로 동물 복지 법령에 따라 의학적으로 치료가 불가능한 질병에 걸린 동물이 아닌 한 안락사를 시키지 않습니다.

김성우

온몸이 불타오르는 고통

동물보호법에서는 동물의 '인도적 처리' 방법을 규정해 놓았습니다. 간략히 정리하면 이렇습니다.

- 안락사는 반드시 수의사가 해야 한다.
- 안락사를 위한 심정지약 등을 투여하기 전에 반드시 마취제를 투여해 동물이 의식을 잃도록 해야 한다. 심정지 과정에서 동물이 느낄 고통을 최소화하기 위해서다.

하지만 군산 보호소에서는 위 내용들이 전혀 지켜지지 않았습니다. 가장 큰 위반은 A 소장이 수의사가 아닌데도 유기견들을 직접 안락사했다는 것입니다. 전문가가 아닌 자의 의료 행위는 의료 대상에게 어떠한 부작용을 불러일으킬지 쉽사리 상상하기 어려울 만큼 위험한 행위입니다. 설사 치료가 아닌 죽음을 위한 것이더라도 말이지요. 소장은 수의사가 아니기 때문에 직접 안락사를 하면 안 됩니다. 그런데도 직접 주사기를 들고 유기견들에게 약물을 투여해 안락사했습니다.

이보다 더 심각한 문제는 소장의 안락사 방식입니다. 심정지 약물을 투여하기 전에 마취제를 투여하지 않은 겁니다. 동물들은 의식이 생생한 상태에서 심정지 약물로 인한 신체 변화를 고스란히 느끼며 죽어 갔습니다. 소장이 사용한 심정지약은 '석시팜Succipharm'이라는 근육 이완제입니다. 본래는 사슴의 뿔을 자를 때 사용하는 것인데, 동물들을 안락사할 때도 많이 쓰이지요.

의학 지식이 부족했던 저는 석시팜이 마취 없이 신체에 투여될 경우 어느 정도의 고통을 유발하는지 정확히 가늠하기 어려웠습니다. 단순히 "석시팜을 투여하면 횡경근막이 고도로 수축되어 호흡이 불가능해지고 기도가 막혀 결국 사망에 이른다"는 이론적인 지식만 있었을 뿐입니다. 그런데 소장을 고발하려면 그 약물 투여가 얼마나 잔인한 행위인지 저부터 정확히 이해할 필요가 있었습니다. 그래서 저는 동변의 다른 변호사들과 함께 석시팜에 관해 논문을 쓴 수의사를 직접 찾아갔습니다. 수의사는 이 약물이 투여될 경우 어느 정도의 고통을 느끼는지 임상 실험 결과 등을 토대로 다음처럼 짧게 표현했습니다.

"온몸이 불타오르는 것 같은 고통을 느꼈을 겁니다."

사람이 느끼는 고통의 순위에서 '불'로 인한 고통이 가장 높은 자리에 놓입니다. 그런 고통을 느끼며 동물들은 몸부림치며 죽어 간 겁니다.

이런 사실을 안 후, 이 사건의 안락사를 그저 '불법 안락사'라고 부르는 것이 맞을지 의문이 들었습니다. 안락사란 말 그대로 '편안한 죽음'에 이르는 것을 의미하는데, 결코 그렇지 못했으니까요. 그래서 동변은 불법 안락사 대신 '고통사'로 부르기로 했습니다. 그리고 공익 신고자들로 구성된 고발인들을 대리해 A 소장을 동물보호법 위반(제8조 제1항 제1호 "목을 매다는 등의 잔인한 방법으로 죽음에 이르게 하는 행위")으로 고발했습니다.

'불법 안락사' 처벌 규정이 없다

A 소장은 군산 보호소에서 근무한 약 2년 동안 80여 마리의 유기견을 위와 같은 방식으로 죽였습니다. 물론 파악 가능한 수치가 이렇다는 것일 뿐 실제로 얼마나 많이 죽였는지는 정확히 알 수 없습니다.

고발장을 작성할 때 저희는 법리적으로 많은 고민을 했습니다. 안락사를 위한 약물 주입 행위가 "잔인한 방법으로 동물을 죽음에 이르게 한 행위"에 해당한다는 명백한 선행 판결이 존재하지 않았기 때문이지요. 동물보호법과 관련된 사건은 다른 사건들과 비교했을 때 선례로 삼을 만한 판결이 부족합니다. 아직 동물보호법을 토대로 한 사건이 많이 축적되지 않아 대법원 판례도 많이 형성돼 있지 않기 때문이지요. 동물보호법 사건이 많이 축적되지 않은 이유는 해당 법을 적용하여 사건을 처리하는 건수 자체가 적고, 대법원 판례가 많이 형성되지 않

김성우

은 이유는 동물보호법상 규정된 처벌 수준이 몹시 약해서 대부분 1심과 2심에서 사건이 종결되기 때문입니다.

그래서 저희는 고발장에서 석시팜을 마취제 없이 투여할 경우 그 대상이 얼마나 큰 고통을 느끼는지, 그렇기 때문에 소장의 행위가 얼마나 잔인한 것이었는지를 설명하기 위해 많은 노력을 기울였습니다. 앞서 말한 것처럼 수의사를 직접 찾아가기도 하고, 석시팜의 주원료가 되는 의약품에 관한 논문도 더듬더듬 읽어 갔습니다. 석시팜이 투약될 때 "온몸이 불타오르는 것 같은" 극한의 고통을 느낀다는 사실을 알았을 때는, 그 약물에 죽어 간 동물들 생각에 고발장을 쓰는 내내 가슴이 너무 아팠습니다.

현행 동물보호법은 '인도적 처리'를 할 때, 일련의 절차와 요건을 준수하지 않은 경우 처벌하는 규정을 별도로 두고 있지 않습니다. 불법적으로 안락사를 해도 그 자체로는 형사 처벌을 받지 않는다는 것이지요. 만약 이 고발 사건에 대해 수사기관과 법원이 불법 안락사, 특히 마취제를 투약하지 않고 동물들을 고통스럽게 죽인 행위는 동물보호법상 처벌 대상이라고 판단하게 된다면, 이후부터는 불법 안락사도 동물보호법 위반으로 처벌할 수 있을 겁니다.

"안락사 없는 유기견들의 천국", 이 슬로건은 명백한 거짓이었습니다. 그곳은 그 어떤 곳보다도 유기견들에게 고통스러운 죽음을 안겨 준 '지옥'이었으니까요. 군산 보호소 사건은 우리 사회의 감추어진 면을 드러냈습니다. 폭증하는 유기 동물을 적정하게 관리하고 보호할 수 있는 시스템이 얼마나 미흡한지 보여 주었고, 무엇보다 불법 안락사 처벌 규정이 없는 동물보호법의 빈 곳을 들여다보게 해 주었습니다. A 소장의 처벌 여부도 중요하지만 그보다 더 중요한 것은 이 사건을 통해 위의 문제들을 앞으로 어떻게 풀어 갈 것인지가 아닐까요.

김성우

11

먹기 때문에
죽여야 한다

김소리

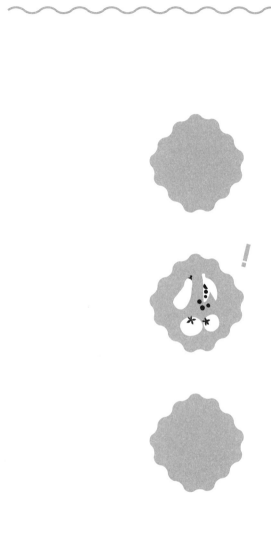

합법이 아닌 개 식용

 채식을 하고 있어서 개고기는 물론이고 고기는 전혀 먹지 않습니다. 고기를 먹던 시절에도 개고기는 먹지 않았습니다. 차마 못 먹겠더라고요. 특별한 애정이 있어서라기보다는 어쩐지 개는 먹는 대상이 아니라는 생각이 들었기 때문이지요. 친구나 주변 지인들을 봐도 '몸보신'을 하려고 굳이 개고기를 찾아 먹는 이는 없었습니다. 이것도 세대 차이라면 차이일까요? 반려견 '로마'와 살면서는 먹지 않을 이유가 더 확고해졌고요.

 우리나라는 세계에서 유일하게 산업화된 형태의 '개농장'이 있는 나라입니다. 개농장의 목적은 무엇일까요. 식용 개를 기르는 것입니다. 하지만 우리 법은 개를 '식용 가축'으로 보지 않습니다. '개 식용'을 금지하는 규정도, 이를 허용한다는 규정도 딱히 없기 때문이지요. 오히려 식용을 금지하고 있다고 봐야 합니다. 축산물 위생관리법⁺에 따르면, 개는 "가축"에 포함되지 않으니까요. 게다가 식품위생법에서도 개는 식품에 사용할 수 있는 '원료'에 해당하지 않습니다. 그러므로 개고기 등 개를 이용한 식품(?)을 제조·사용·운반·보존하는 등의 행위는 불법입니다.

그런데 문제가 있습니다. "가축"과 관련된 또 다른 법인 축산법에서는 개가 가축에 포함됩니다. 육견협회를 비롯해 개식용 산업 덕분에 이익을 보는 사람들은 이를 근거로 개고기를 유통, 판매할 수 있다고 주장하지요. 하지만 축산법은 식용 가축을 규율하는 법이 아니라 가축의 개량과 증식 등에 목적이 있습니다. 따라서 축산법에서 가축 범위에 개를 넣었다고 해서 이를 근거로 개 식용이 합법이라고 주장할 수는 없지요.

따라서 현행법으로는 이렇게 개고기 생산을 위한 일련의 과정 즉 도살·유통·판매를 허용한다고 보기 어렵습니다. 그런데 현실은 어떤가요. 개고기 요리를 파는 식당을 흔히 볼 수 있고, 복날에 이런 가게들은 더욱 '활기'를 띠지요. 개고기를 먹을지 말지는 "사회적 합의"가 필요하다면서 농림축산식품부, 식약처 등 관계 부처가 손을 놓고 있는 사이 개농장은 계속 성업 중입니다. 결국 현재 시중에 유통되는 개고기 등은 아무런 법적 규제도 받지 않고 있는 셈입니다.

🐾 축산물 위생관리법 가축의 사육·도살·처리와 축산물의 가공·유통·검사에 필요한 사항을 정하고 있는 법률.

김소리

개를 어떻게 죽일까

앞서 살펴본 법률 외에 동물과 관련한 법으로 동물보호법이 있습니다. 동물보호법의 목적(제1조)은 이렇습니다.

> 이 법은 동물에 대한 학대 행위의 방지 등 동물을 적정하게 보호·관리하기 위하여 필요한 사항을 규정함으로써 동물의 생명 보호, 안전 보장 및 복지 증진을 꾀하고, 건전하고 책임 있는 사육 문화를 조성하여, 동물의 생명 존중 등 국민의 정서를 기르고 사람과 동물의 조화로운 공존에 이바지함을 목적으로 한다.

다른 법률들은 동물에서 생명을 떼어 내고는 '고기'로 여긴다면, 동물보호법은 동물을 '생명'으로 대하지요. 동물보호법의 적용을 받는 동물은 "고통을 느낄 수 있는 신경 체계가 발달한 척추동물"(제2조)이므로, 개 역시 동물보호법의 보호를 받습니다. 동물보호법은 다음과 같은 행위(제10조 제1항)를 '학대'로 보는데, 개를 죽이는 과정에서 학대 행위는 없을까요?

1) 목을 매다는 등의 잔인한 방법으로 죽음에 이르게 하는 행위

2) 노상 등 공개된 장소에서 죽이거나 같은 종류의 다른 동물이 보는 앞에서 죽음에 이르게 하는 행위

3) 고의로 사료 또는 물을 주지 않아 죽음에 이르게 하는 행위

4) 수의학적 처치의 필요, 동물로 인한 사람의 생명·신체·재산의 피해 등 농림축산식품부령으로 정하는 정당한 사유 없이 죽음에 이르게 하는 행위

과거에는 주로 망치 등으로 개를 도살했는데, 요즘은 전기쇠꼬챙이를 이용해서 감전사시킨다고 합니다. 전기쇠꼬챙이는 쇠막대기에 나무 각목을 지지대로 대고 절연테이프로 감은 후 스위치를 켜 전기를 흐르게 하는 도구입니다. 이 쇠꼬챙이를 좁은 뜬장에 있는 개에게 들이대 결국 개가 물어 죽게 합니다.

처음에 개들은 쇠꼬챙이를 피해 다니는데, 이 과정에서 공포에 질려 똥오줌을 쏟아냅니다. 그러다 피할 수 없다는 생각이 들면 자기 방어적인 공격으로 쇠꼬챙이를 물게 되는 것이지요.[31] 카라에서 공개한 영상[32]을 보면, 감전돼 죽는 순간 개들

의 고통이 어느 정도인지 알 수 있습니다.

따라서 이런 식의 감전사는 동물보호법 위반입니다. 앞서 말한 학대 행위 1, 4번에 해당하기 때문이지요. 실제로 전기로 개를 죽인 개농장 운영자가 기소된 사건이 있었습니다. 개 식용을 허용하지도, 불허하지도 않는 이 애매한 법의 지형에서 과연 법원은 어떻게 판단했을까요?

전기 도살이 딱히 "잔인한 방법"은 아니다?

2016년 10월 31일 개농장을 운영하는 A씨는 2011년부터 2016년 7월경까지 개를 묶은 상태에서 전기쇠꼬챙이를 개의 주둥이에 대어 감전사시켜 기소됐습니다.[33] A는 한 해 동안 약 30마리를 전기로 도살했는데, 동물보호법이 금지하는 학대 행위 중 하나인 "목을 매다는 등의 잔인한 방법으로 죽음에 이르게 하는 행위"를 한 것입니다.

A는 축산물 위생관리법에 따르면, 전기 도살은 가축의 도살 방법 중 하나로 돼지·닭 등 다른 동물을 도축하는 데도 일반적으로 쓰이고, 동물을 즉시 실신시켜 고통을 느끼지 못하게 하는 방법이므로, 동물보호법 위반이 아니라고 주장했습니다.

1심 법원인 인천지방법원은 A에게 무죄를 선고했습니다. 이유를 요약하면 다음과 같습니다.

김소리

동물보호법, 축산물 위생관리법 등 관련 법령을 종합해 보면, 동물보호법에서 규정한 도살 방법(특히 전기 도살법)을 이용하여 축산물 위생관리법이 가축으로 정한 동물을 도살한 경우 특별한 사정이 없는 한 '잔인한 방법'으로 도살한 경우에 해당하지 않고, 개가 비록 축산물 위생관리법에서 정한 가축이 아니라고 하더라도 동물보호법에서 정한 도살 방법으로 개를 도축한 경우라면 '잔인한 방법'으로 도살한 경우에 해당하지 않는다.

이게 무슨 말일까요? 먼저 동물보호법이 규정하고 있는 도살 방법을 살펴봅시다. 기본 원칙은 이렇습니다.

> 모든 동물은 혐오감을 주거나 잔인한 방법으로 도살되어서는 안 되며, 도살 과정에 불필요한 고통이나 공포, 스트레스를 주어서는 안 된다.(제10조 제1항)

그리고 축산물 위생관리법 또는 가축전염병예방법에 따르면, 동물을 죽이는 경우에는 가스법·전기 도살법(이하 전살법) 등의 방법을 통해 고통을 최소화해야 하고, 반드시 의식이 없는 상태에서 다음 단계로 넘어가야 한다고 규정합니다. 이외에도 동물을 불가피하게 죽여야 하는 경우에는 고통을 최소화할 수 있는 방법에 따라야 한다고 규정하고 있습니다. 그리고 하위 규정으로 '동물 도축 세부 규정'을 두어 동물의 하차, 계류✝, 기절, 방류 등 도살의 전 과정에서 동물의 고통을 최소화하기 위해 도살자가 준수해야 할 사항들을 정해 놓았습니다.

예를 들면, 동물 하차 시에 동물의 추락이나 미끄러짐을 방지할 수 있어야 하고 종별로 하차 각도가 몇 도여야 하는지 구체적으로 규정하고 있고, 계류 시간이 12시간을 초과해서는 안 된다거나 종별로 기절 방법이 어때야 하는지 등을 자세히 규정하고 있는 겁니다. 전살법의 경우 돼지·닭·오리의 도살 방법으로 규정되어 있고, 종별로 최소 전류량과 최소 통전 시간 등을 규정해 놓았습니다.

1심 법원은 위와 같은 축산물 위생관리법을 근거로 들어 전기 도살이 "잔인한 방법으로 도살"한 경우에 해당하지 않는다고 해석한 겁니다. 여기까지는 이해가 되긴 합니다. 그런데 문제는, 개는 축산물 위생관리법이 정한 가축에 해당하지 않는다는 것이죠. 놀랍게도 1심 법원은 '개고기를 먹는 것이 우리의 현실'이라며 이런 의문을 일축했습니다.

축산물 위생관리법에서 가축으로 규정한 동물들과 개는

✝ **계류** 도축 전 도축장 내 및 인근에서 동물을 대기시키는 것을 말한다('동물 도축 세부 규정' 제2조 제2호).

김소리

모두 동물보호법의 적용 대상이 되는 동물(고통을 느낄 수 있는 신경 체계가 발달한 척추동물)이다. 현실적으로 개가 식용을 목적으로 이용되고 있는 우리나라 상황에서 위 둘을 본질적으로 다른 것이라고 보기는 어렵다. 그러므로 동물보호법과 이 법 시행 규칙에서 정한 도살 방법(특히 전살법)을 이용하여 개를 도축한 경우에도 특별한 사정이 없는 한 동물보호법 제10조 제1항의 "잔인한 방법"으로 도살한 경우에 해당하지 않는다고 해석함이 타당하다.

즉, 동물보호법에서 학대로 규정한 도살 방법을 이용하여 개를 도축한 경우에도 불필요한 고통을 가하였다는 등의 특별한 사정이 없는 한 "잔인한 방법"으로 도살한 경우에 해당하지 않는다고 해석해야 한다는 겁니다. 법원은 A가 다른 동물을 도살하는 방법과 비교하여 특별히 비인도적인 방법으로 개를 도살했다고 인정하기 어렵다고 판단했습니다. 법원의 판단대로라면, 전기로 개를 죽였을 경우 '동물 도축 세부 규정'에 따른 최소 전류량 등 기준을 모두 준수한 것으로 인정해 주는 것이 됩니다.

정리하면, 1심 법원은 축산물 위생관리법의 적용을 받지 않는 동물이더라도 현실적으로 사람들이 개를 먹고 있으므로 이 법을 적용하면 되고, 비록 개가 아닌 다른 동물의 도살 방법으로 전살법이 규정되긴 했으나 어쨌든 전살법이 도살 방법으로 규정되어 있긴 하니까, 동물보호법에 따른 전살 기준을 모두 충족한 것으로 추정되며, 그게 아니라는 사실을 검사가 입증하지 못하는 이상 동물보호법이 금지하는 "잔인한 방법"으로 죽인 건 아니라는 겁니다.

모든 동물은 각자 고유의 특성을 갖고 있는데, 어떻게 다른 종에게 적용하는 기준을 동일하게 개에게도 적용할 수 있다는 것일까요? 동물에 대한 이해나 고민이 없는 기계적인 판단이라고밖에 볼 수 없습니다.

검사가 항소했으나, 2심 법원인 서울고등법원 역시 A를 무죄로 판결했습니다. 2심 법원은 먼저 동물보호법이 잔인하게 죽이는 등 "일정한 방법"으로 죽이는 행위만을 금지하고 있을 뿐 "죽이는 행위" 그 자체를 금지하지 않는다고 전제합니다. 동물보호법이 금지하는 "학대 행위"도 죽이는 행위를 포함하지 않는다고 하고요. "학대"와 "죽인다"는 것은 의미도 다르다는 겁니다.

결국 이 사건의 쟁점은 개를 전기쇠꼬챙이로 감전사한 도살 방법이 "잔인한 방법"에 해당하는지인데, 축산물 위생관리법이나 동물보호법이 정한 도살 방법이 개에게 적용되는 것은 아니지만, 두 법의 입법 목적과 동물보호법이 보호자 등에 의한 도

김소리

살 자체를 금지하지 않고 일정한 방법으로 죽이는 행위만을 금지하고 있는 점까지 고려하면 두 법에서 정한 방법에 따라 고통을 최소화한 경우에는 잔인하지 않은 방법에 해당할 여지가 많다고 합니다. 1심과 동일한 판단입니다.

그런데 우선 앞에서 살펴보았듯이, 동물보호법은 "수의학적 처치의 필요, 동물로 인한 사람의 생명·신체·재산의 피해 등 농림축산식품부령으로 정하는 정당한 사유 없이 죽음에 이르게 하는 행위"를 학대 행위로 규정하고 있습니다. 따라서 "학대"와 "죽이는 행위"를 구별하는 해석은 타당하다고 볼 수 없습니다. 게다가 개에게 적용이 안 되는 규정을 개에게 적용하면 된다는 것도 부당합니다. 개가 아닌 다른 동물들에게 적용되는 방법을 택하는 것이 어떻게 곧바로 개의 고통을 최소화하는 것으로 연결되는지 법원은 논증하지 않았습니다. 앞서 보았듯이 '동물 도축 세부 규정'에서도 종별로 기절 방법을 달리하고 전살법의 경우에도 종별로 최소 전류량이 다른데, 그냥 '전살법을 택했다'고 하면 잔인하지 않은 것이 된다는 점은 납득하기 어렵습니다.

나아가 2심 법원은 "관련 업계에서 일반적으로 받아들여지거나 그 업계 종사자가 쉽게 알 수 있는 잔인하지 않은 도축 방법이 있다면 그 방법을 취하지 않은 경우 잔인한 방법에 해당한다고 할 수 있겠지만, 관련 법령에서 정한 동물의 도살 방법이나 그와 유사한 방법을 사용한 경우 특별한 사정이 없는 이상 '잔인한 방법'에 해당한다고 단정할 수는 없다"고 합니다. "관련 업계"라고 칭함으로써 법원이 개식용 산업을 인정하는 것이 과연 적절한가 하는 생각이 들 뿐만 아니라, 관련 업계에서 일반적으로 받아들여지기만 하면 그 도살 방법은 잔인한 방법이 아니라는 해석도 이해하기 어렵습니다. 이는 동물이 아닌 인간 중심의 해석 아닐까요?

결과적으로 2심 법원은 현재 업계에서 일반적으로 받아들여지거나 그 업계 종사자가 쉽게 알 수 있는 잔인하지 않은 도축 방법이 없는 것으로 보이고, A가 사용한 방법이 관련 법령상의 도살 방법에 비해 개에게 더 큰 고통 등을 주었다고 볼 만한 자료도 없기 때문에 "잔인한 방법"으로 도살했다고 볼 수 없다는 겁니다.

2심 재판 때는 첫 공판이 열리는 날부터 동물권 단체, 대한수의사회, 시민들이 모여 '전기 도살은 잔인하다. 그러나 전기 도살 무죄는 더 잔인하다'며 무죄 판결 파기를 촉구하는 기자회견을 열기도 했습니다. 대한수의사회에서는 법령상 개에 관해선 아직 도살 기준이 없고, 개가 도축 과정에서 어떤 고통을 겪는지에 대한 과학적인 연구 결과가 없는 상황에서 전기쇠꼬

김소리

챙이를 이용해 도살하는 행위는 개를 극심한 고통 속에서 감전사시키는 행위와 동일하다고 판단할 수 있다며 명백한 동물학대 행위에 해당한다는 의견을 내놓았습니다.

　1심과 2심 법원의 무죄 판결은 개농장의 전기 도살 관행이 법적으로 문제가 없다고 승인한 것이나 다름없었습니다.

대법원이 바로잡다

　사건은 대법원으로 넘어갔고, 동변은 대법원에 의견서를 제출해 2심 판결이 부당함을 계속 주장했습니다. 개 도살 방법에 대해서는 법령에 아무 규정이 없는데도 다른 동물 종에 대한 규범을 아무런 논증 없이 개에게 유추 적용한 것의 문제점도 지적했습니다. 또한 2심 법원이 "더 큰 고통을 느낄 것이 명백하다"는 것을 검사에게 입증하라고 요구한 것과 관련해서도 동물의 고통을 인간이 인식하는 것은 논리적으로 불가능한데, 이렇게 인간의 상상에 의탁할 수밖에 없는 "더 큰 고통"을 명백하게 증명하라는 것은 불가능한 것을 요구하는 것이라고 비판했습니다.

　다행히 대법원의 판단은 1, 2심과 달랐습니다. 결론을 먼저 말하면, 2심 판결이 잘못되었다고 했습니다. 그렇게 판단한 이

김소리

유 중 중요한 것들만 짚어 보겠습니다. 먼저 대법원은 잔인성의 개념을 이렇게 보았습니다.

> 잔인성은 고정된 개념이 아니다. 시대, 사회에 따라 다르게 정의될 수 있다. 이 사건에서 쟁점이 되는 "잔인한 방법"도 시대에 따라 다르게 판단해야 한다. 즉, 과거에는 많은 사람이 잔인하지 않다고 생각했던 것도, 사회의 변화에 따라 이후에는 달리 평가될 수 있다. "잔인한 방법"의 여부는 그 시대의 기준에 따라 판단해야 한다.

아울러 잔인성 여부를 판단할 때 다음과 같은 여러 가지를 종합적으로 고려해야 한다고 했습니다.

- 해당 동물은 어떤 특성을 갖고 있는가. 해당 도살 방법이 그 동물에게 어느 정도의 고통을 주는가. 그리고 그 고통은 어느 정도 지속되는가.
- 해당 도살 방법은 국민 정서에 어떤 영향을 끼치는가.
- 해당 동물에 대한 그 시대, 사회의 인식은 어떤가 등.

다시 말하면, 개의 전기 도살을 허용했을 때 시민들이 그것을 어떻게 생각하는지, 그 방법이 시민들의 정서에 어떤 영향을 끼칠지도 고려해야 한다는 겁니다. 과거와 달리 현재 우리나라에는 개를 반려동물로 키우는 사람이 많아졌습니다. 개에 대한 사람들 인식이 많이 달라졌지요. 예전처럼 식용 대상으로 보기보다는 친구나 가족으로 여기는 사람이 더 많습니다. 이렇게 인간과 개 사이의 변화된 관계도 고려해야 한다는 겁니다.

대법원은 특정 도살 방법이 동물에게 어느 정도의 고통을 주는지 객관적으로 측정할 수 없더라도 도살에 쓰인 도구, 도살할 때 행위 그리고 그 결과 생긴 사체의 모습 등을 종합해 볼 때 그 도살 방법이 잔인하다고 평가될 경우에는 "잔인한 방법"에 해당한다고 판단했습니다.

그리고 특정 도살 방법이 동물보호법이 금지하는 잔인한 방법인지 여부는 동물별 특성에 따라 해당 동물에게 주는 고통의 정도와 지속 시간 등을 고려해 판단해야 한다고 했습니다. 동일한 도살 방법이라도 도살 과정에서 겪는 고통의 정도 등은 동물마다 다를 수 있고, 도살할 때 동일한 물질·도구 등을 이용하더라도 그 구체적인 사용법과 행위가 다르다면 이 역시 도살 과정에서 겪는 고통의 정도 등은 동물마다 다를 수 있다는 것입니다. 따라서 특정 도살 방법이 관련 법령에서 일반적인 동물의 도살 방법으로 규정되어 있다거나, 도살에 이용한 물질·도구 등이 관련 법령에서 정한 것과 동일 또는 유사하다는 것만으로는 그 도살 방법을 다른 동물에게도 적합하다고 볼

김소리

수 없다는 겁니다.

　또한 특정 동물에 대한 그 시대, 사회의 인식은 해당 동물을 죽이는 방법에 대한 평가에도 영향을 끼치므로, 잔인성 여부를 판단할 때 이 점도 고려해야 한다고 했습니다. 개나 개 식용에 대해 지금 사람들이 어떻게 생각하는지를 고려해야 한다는 것이지요.

덜 고통스럽게 죽여라!

사실 개 도살 방법은 세계동물보건기구[*]에서 제정한 육상동물건강법[34]에 다음처럼 규정돼 있습니다. 우리나라도 세계동물보건기구 회원국입니다.

- 동물 복지 주의 사항
  개가 의식이 있는 상태라면, 의식을 잃기 전에 심각한 고통을 초래하는 심실 잔떨림이 발생한다. 다리·머리·목을 강압적으로 늘리는 과정에 의해서도 고통이 유발된다. 충분하지 않은 전류가 사용된 경우 이 방법은 효과적이지 않을 수 있다.

- 동물 복지 핵심 조건
  반드시 의식을 잃은 개를 대상으로 한다. 전기 충격(뇌에

김소리

전류를 흘려서 바로 기절시킨다) 혹은 마취제를 통해 의식을 잃게 할 수 있다. 바로 기절시키려면 전류가 뇌에 흘러야 하므로 전극이 뇌를 감싸 안고 있어야 한다. 죽음은 의식을 잃은 동물의 심장에 전류를 흘려보내는 방법으로 이뤄진다. 적절한 장비와 훈련받은 수행인이 필수적이다.

즉, 개를 도살할 경우 동물 복지를 고려한다면 반드시 의식 잃은 개를 대상으로 해야 한다는 겁니다. 또한 의식을 잃게 하려고 전기 충격을 가할 경우, 훈련받은 수행인이 적절한 장비를 갖추고 수행해야 합니다. 그런데 A씨를 비롯해 우리나라 개 농장 운영자들은 훈련받은 수행인도, 적절한 장비도 갖추지 않고 강압적으로 개의 몸을 묶고는 전기가 흐르는 쇠꼬챙이를 주둥이에 대서 감전사시킨 겁니다. 즉, 위 기준에 반합니다.

세계동물보건기구World Organisation for Animal Health 1924년 전 세계의 동물 질병에 대응하기 위해 설립됐다. 설립 당시 명칭은 국제수역사무국Office International des épizooties이었는데 2003년 5월 현재의 이름으로 바꾸었다. 이E라는 약칭은 그대로 사용하고 있다. 가축 방역에 대한 시험 연구 증진과 조정, 가축 전염병의 전파 경위와 구제 방법에 대한 정보 수집과 교환, 가축 위생 업무에 대한 국제 규약 제정과 조정, 과학적 접근에 의한 동물 복지의 증진, 각국의 동물 위생 상황에 대한 투명성 강화 등이 주요 임무다. 현재 회원은 182국이다. 우리나라는 1953년에 가입했다.

파기 환송심 대법원은 원심 판단에 잘못이 있다고 판단하는 경우, 원심을 파기하고 사건을 다시 심리하도록 원심으로 돌려보낸다. 이때 다시 심리하게 되는 심급을 '파기환송심'이라고 하며, 파기환송심 법원은 대법원의 판단 내용에 반해 재판할 수 없다.

한편, 파기 환송심* 법원은 A씨를 신문하여 도살에 사용된 전압의 크기, 감전 후 개의 사망까지 걸린 시간, 도축 장소의 구체적인 환경, 도살 과정에서 개에게 나타난 증상 등을 심리하고, 한국전력공사로부터 A씨의 개농장에 공급된 전압의 크기도 확인했습니다. 또, 수의과대학 교수를 전문가 증인으로 신문하여 A가 사용한 도살 방법이 구체적으로 개에게 어떤 고통을 주는지, 인도적 방법으로 인식되는 '즉각적인 무의식' 즉, 기절을 초래할 수 있는지 등을 심리했습니다. 교수는 도살할 때 동물의 고통을 최소화하려면 반드시 사전에 의식을 잃게 하는 조치가 필요하다고 강조했습니다. 미국수의학협회 지침을 그 근거로 내세우면서 보통 개농장 운영자들이 행하는 전기 도살 방법은 이러한 기준에 부합하지 않는다고 증언했습니다. 특히 A처럼 도살할 경우 개들이 다음과 같은 고통을 겪는다고 했지요. (다음은 판결문의 진술 내용을 의미를 왜곡하지 않는 선에서 각색한 것입니다.)

> "도살할 때 동물의 고통을 최소화하려면 반드시 사전에 의식을 잃게 하는 조치가 필요합니다. 동물이 사전에 의식을 잃도록 하는 인도적 도살 방식은, 뇌에 전류를 통하게 해서 '대발작'이 일어나도록 하는 것입니다.
>
> 이와 달리 전류가 뇌를 통하지 않으면, 고통을 못 느끼는

대발작 내지 무의식 상태가 되지 않습니다. 전기를 부적절하게 가축에게 통하게 할 경우, 동물이 움직이지 못하는 운동 마비 상태는 되지만, 그 의식은 살아 있습니다. 의식이 있는 상태로 심장 정지가 아닌 심장 잔떨림 상태에 그쳐서, 매우 잘못된 조치가 됩니다. 이와 같이 무의식을 유발하지 않고 동물을 전기로 마비시키는 것은 극도로 혐오적이고 수용해서는 안 되는 방법입니다.

동물의 입에 쇠꼬챙이를 넣어 전류를 흐르게 하는 방식은, 그 전류가 뇌뿐만 아니라 신체의 다른 부위로도 흐르게 하기 때문에(식도 등을 통해 전류가 곧장 아래쪽으로 간다), 전기량이 많이 분산되어 무의식을 유발하기 어렵습니다."

파기 환송심 법원은 앞서 살펴본 국제 규범 내용과 추가로 심리한 내용을 바탕으로 A에 대해 다시 판단했습니다. 개의 고통을 최소화하기 위한 아무 대책도 강구하지 않은 채 전기 충격으로 개에게 큰 고통을 가하는 방식으로 개를 죽음에 이르게 한 것으로 보았습니다. 그리고 A의 형량을 벌금 100만 원으로 정하되, 형의 선고를 유예하는 판결을 했습니다.

A는 이 판결에 대해 재차 상고했지만, 대법원은 기각했습니다. 결국 A는 유죄 판결을 받았고, 개 전기 도살이 동물보호법이 금지하는 동물 학대 행위임이 명백해졌습니다.

먹지 말고 죽이지도 말자!

2016년에 시작된 이 사건은 2020년 4월경에야 비로소 끝났습니다. 참으로 지난한 시간이었지요. 개 전기 도살 동영상을 한번만 봐도, 개가 얼마나 고통스러워하는지 너무 명확히 알 수 있는데도 이 당연한 사실을 법원에서 확인받는 과정이 쉽지 않았습니다. 고작 100만 원 벌금에 이마저도 선고 유예⁺를 한 점이 다소 아쉽지만, 전기쇠꼬챙이로 개를 죽이는 행위가 동물 학대라는 것은 분명히 확인한 판결입니다. 대부분 개농장에서 개를 전기로 도살하고 있고, 개를 도살하는 기준이 딱히 마련되어 있지 않은 현실에서 사실상 이 판결은 식용 목적의 개 도살을 금지한 것이라고 해석할 수 있습니다.

🔒 **선고 유예** 범정이 경미한 자에 대하여 일정한 기간 형의 선고를 유예하고 그 기간을 경과한 때에는 면소된 것으로 간주하는 제도이다(형법 제59조). 이는 형의 선고 자체를 유예한다는 점에서 형을 선고하고 그 집행만을 유예하는 집행유예와 구별된다.

김소리

그런데 고작 벌금 100만 원에 그치기 때문일까요? 여전히 불법 도살이 횡행하고 있습니다. 지난해 동물해방물결과 동물을위한마지막희망LCA이 2020년 10월부터 2021년 5월까지 8개월 동안 모란시장 대형 건강원 2곳과 해당 건강원이 파는 개들이 조달되는 도살장, 경매장, 개농장 총 6개 업장을 직접 추적하고 감시하는 활동을 벌였습니다. 그 보고서에 따르면, 조사 기간 동안 관찰된 개 196마리 모두 전기로 도살당했습니다. 도살장에선 매일 또는 주 3, 4회, 평균 10~30마리를 다른 개들이 보는 앞에서 전기로 죽였고요. 전기봉을 입에 물리거나(41퍼센트), 몸 여기저기를 마구 찌르는 방식(57퍼센트)이었습니다. 전기봉이 물리는 순간을 정확히 포착하지 못한 비율은 2퍼센트 정도였다고 합니다.[35]

개 식용을 금지하는 내용이 입법화되지 않는 이상, 이미 거대해져 있는 '업계'가 사라지기는 어려울 겁니다. 개고기를 먹는 국가는 한국을 포함해서 베트남, 중국 등 주로 아시아 국가들입니다. 그 외 국가들에서는 대부분 개를 반려동물로 인식하는 것이 보편화되어 있습니다. 미국, 영국 등에서는 개 식용 문화 자체가 없기 때문에 개 식용 금지에 관한 규정도 없습니다. 개를 먹는 대상으로 보지 않아서 그런 법이 굳이 필요 없는 것이죠.

개 식용 문화가 있었던 타이완은 법률을 제정해 단계적으로 근절해 나갔고,[36] 마침내 2017년 4월 26일 동물보호법을 개정해 개와 고양이 식용을 완전히 금지했습니다. 필리핀 역시 동물 복지법에서 소·돼지·염소·양·가금류·토끼·물소(필리핀산)·말·사슴·악어 이외의 동물을 죽이는 행위를 금지하고 있고, 홍콩도 식품산업규정에서 개 식용을 금지하고 있습니다.

중국도 최근 개 식용을 금지하려는 조치들을 취하고 있습니다. 특히 코로나 바이러스 확산 이후 전국인민대표회의 상무위원회에서 '불법 야생동물 거래 전면 금지, 야생동물 함부로 먹는 폐습 철폐, 인민 생명 건강의 확실한 보장에 관한 결정'을 의결했고, 농업농촌부가 법적으로 인정하는 가축 범위에서 개를 제외하는 수정 계획을 밝혔습니다. 법률상으로 개 식용 금지를 명시하지는 않았지만, 개를 가축 목록에서 제외함으로써 법 인식 변화를 밝힌 거지요. 이후 광둥성의 선전과 주하이가 조례를 제정해 2020년 5월 1일부터 개 식용을 금지하는 등 지자체에서 개 식용 금지가 확산되고 있습니다.

우리나라는 "사회적 합의"가 이루어지지 않았다는 이유로 개 식용 금지 입법 논의가 더뎠습니다. 국회에서도 꾸준히 개 식용 금지 법안이 발의되어 왔지만,[37] 적극 논의되지는 못했습니다. 그러다가 다행히 2021년 9월 문재인 대통령이 개 식용을

김소리

신중하게 검토할 때가 되었다며 대책 마련을 지시하면서 더디지만 관련 논의가 물꼬를 트기 시작했지요. 이후 사회적 논의 기구인 '개 식용 문제 논의를 위한 기구'가 출범해 개 식용 종식 방안을 마련하려는 노력도 보였습니다. 또, 최근에 정부가 개정한 동물보호법 시행규칙에 의하면 동물보호법상 개 도살이 허용될 여지가 더욱 없어지기도 했습니다.[38] 부디 이제는 이런 여러 논의와 입법적 노력이 결실을 맺어 더는 끔찍한 개 도살이 일어나지 않았으면 좋겠습니다.

"언제 저희가 했던 활동들 모아서 에세이집 만들어 보는 거 어때요?"

작년 동번 회의에서 나온 말입니다. 이때만 해도 우리가 정말 책을 쓰게 되리라고는 상상하지 못했습니다. 그저 다들 언젠가 한번쯤은 그러면 좋겠다며 희망 사항처럼 이야기하고 지나갔지요.

그런데 어느 날 메일 한 통이 도착했습니다. 우리와 '동물에게 다정한 법'이라는 가제로 책을 만들고 싶다는 내용이었습니다. 모두들 해 보고 싶었던 일이었기에 기쁜 마음으로 참여했습니다. 그렇게 생각보다 빨리 우리의 바람은 현실이 되었지요.

책을 만드는 작업은 물론 쉽지만은 않았습니다. 먼저 어떤 내용을 쓸 것인지 기준을 정해 고르는 일부터 난관이었습니다.

그동안 우리가 해 온 활동들을 돌아보면서 동물권을 더 알리고 이 개념이 뿌리내리는 데 도움이 될 사건들을 골랐습니다.

동변 변호사들은 낮에는 각자의 직장에서 일해야 해서, 주로 저녁 늦게 혹은 주말에 모여 활동에 관해 이야기를 나눕니다. 사건이 긴박하게 진행되는 경우가 많아 새벽에도 단톡방이 수시로 울리지요. 이렇게 정신없이 활동해 온 우리에게 이 책은 그간의 우리를 돌아볼 소중한 시간을 주었습니다. 생각보다 많은 일을 해 왔다는 사실에 나름대로 뿌듯함도 느꼈지요. 하지만 여전히 고통받는 동물이 너무 많고, 동물 관련 법들은 동물들의 권리를 보장해 주기에는 아직 너무 부족합니다. 동변의 활동이 계속되어야 하는 이유지요.

최근 동물보호법 전부개정안이 통과되었습니다. 전부개정안이란 기존의 법률을 전체적으로 바꾸는 것을 말하는데요. 동물 학대 행위를 구체화하고 시행 규칙에서 규정하던 금지 행위를 법률로 상향했습니다. 법률을 통해 금지 행위가 더욱 명확하게 그려질 수 있어서 법 적용이 조금 더 용이해질 수 있지요. 동물 보호자 등의 금지 행위를 구체화하고 그에 대한 처벌 규정도 강화했습니다. 맹견을 사육하려면 동물 등록, 책임보험 가입, 중성화 수술 등 요건을 갖추고 허가를 받도록 하는 맹견 사육 허가제도 담겼습니다. 과거의 동물보호법보다 더 나아진 것은 분명하지만, 여전히 바뀌어야 할 부분이 많습니다. 이런 곳들은 동변 그리고 동물을 사랑하는 수많은 시민에게 남겨진 과제라고 생각합니다.

　사건을 선정한 후 본격적으로 글을 쓰기 시작하면서 또 난관에 부딪혔습니다. 변호사들은 주로 법률 문서를 다루다 보니 평소 딱딱하고 사무적인 글투에서 벗어나기 어려웠습니다. 편집자 도움을 받아 여러 번 수정 과정을 거쳤지요. 이렇게 이 책은 여러 사람의 손이 모아져 탄생했습니다.

　이 책을 기획, 편집한 여미숙 편집자와 책을 낼 기회를 준 (주)태학사에 이 자리를 빌려 감사한 마음 전합니다. 부디 이 책을 통해 동물들의 고통에 공감하는 분이 더욱 많아지고, 그런 분들의 마음이 모아져 법이 좀 더 동물들에게 다정해질 길이 열리길 빕니다.

주

1 동물권 단체 하이의 홈페이지(www.hai.or.kr)에 가면 서명을 통해 목소리를 낼 수 있다.

2 조너선 밸컴, 《물고기는 알고 있다》, 양병찬 옮김(에이도스), pp. 99~118.

3 Brown, C., "Fish Intelligence, Sentience and Ethics", Animal Cognition, 18(1), pp. 16~17.

4 Sneddon, L. U., Braithwaite, V. A., and Gentle, M. J., "Do fishes have nociceptors? Evidence for the evolution of a vertebrate sensory system", The Royal Society, 270(1520), pp. 1115~1121.

5 Animal Protection Ordiance(2018).

6 Norwegian Animal Welfare Act(2010).

7 World Organization for Animal Health, Aquatic Animal Health Code(2021), section. 7.

8 인천지방법원 2019. 12. 19. 선고 2019고단7471 판결.

9 대전지방법원 서산지원 2021. 11. 11. 선고 2021고단970 판결.

10 카라, [모니터링 결과 2] 내가 본 그 영상! 동물 학대일 수 있나요?, 2020년 8월 12일 (www.ekara.org/activity/education/read/13364).

11 유튜브 고객센터, 폭력적이거나 노골적인 콘텐츠에 대한 정책(support.google.com/youtube/answer/2802008?hl=ko).

12 동물자유연대, "동물 학대 판례 평석", 《동물과 법》 제2권, 2021, pp. 56~63.

13 동물 학대에 대한 양형 기준은 동물권 단체들을 중심으로 해서 만들어야 한다는 주장

이 계속되고 있지만, 아직 그렇게 되고 있진 않다. 양형위원회에서는 자주 발생하는 범죄나 사회적으로 중요한 범죄의 양형 기준을 우선 설정한 후 점진적으로 양형 기준 설정 범위를 확대해 가는데, 아직 동물 학대는 설정 대상이 아니다.

14 "강제 교배로 낳은 강아지는 학생들 몫이었다", 《한겨레신문》 2019년 8월 21일 자.

15 농림축산검역본부의 '2020년 실험동물 사용 실태'에 따르면, 국내에서 동물 실험에 동원된 동물은 총 414만 1400여 마리로 전년 대비 11퍼센트 이상 증가한 것으로 나타났다. 특히 대학에서 사용된 동물은 총 115만 3267마리로, 국공립 기관(50만 5200마리), 의료 기관(33만 9796마리)을 합친 것보다 많다. 동물 실험을 줄이고 대체 실험으로 바꿔 나가는 세계 흐름에 역행하는 현상이다.

16 "죽임당한 개들을 봤던 어릴 때 기억이 삶을 바꿨죠", 《한국일보》 2022년 4월 21일 자.

17 "입법 예고안이 그대로 시행되고 있지 않은 사항을 우리 부의 반대 의견에 의한 것으로 제한하기는 어렵다고 사료된다."

18 "동물도 연구자도 고통스러운 '동물 실험'… 대안은 없나요", 《한국일보》 2018년 4월 21일 자. 서울대 수의대 황철용 교수의 인터뷰 내용을 다듬어 실었다.

19 《한겨레신문》 2020년 2월 17일 자에 유영재 비글네트워크 대표가 쓴 글 〈죽은 개구리 해부, 함부로 해선 안 되는 이유〉에서 인용.

20 카라의 〈미성년자 동물 해부 실험 금지법 통과를 위한 서명 운동〉에서 인용(www.ekara.org/parttake/issue/read/8399).

21 위의 자료.

22 대법원 2013. 4. 25. 선고 2012다118594 판결.

23 윤철홍, "애완견의 사망시 손해배상청구의 주체와 배상범위", 《법조》 제63권 제1호, 법조협회, 2014.

24 법무부, 민법 일부개정법률안 입법예고 보도자료, 2021년 7월 19일 자.

25 동물복지문제연구소 어웨어, "동물 방임 및 최소 사육·관리 의무에 대한 해외 입법례와 정책 과제", 경성문화사, 2021년 7월.

26 위와 같음.

27 위와 같음.

28 금빛실타래 님 블로그(blog.naver.com/coiyume0324).

29 최준영, "해외사례를 통해 본 동물원 관리제도 개선방안", 《이슈와 논점》 제706호, 국회입법조사처, 2013년 9월 4일.

30 "웅담용으로 길러지던 사육곰 22마리, 미국으로 갈 수밖에 없는 사연", 《한국일보》 2020년 7월 1일 자.

31 카라 블로그의 2021년 7월 16일 자 게시 글 "잔인한 영상주의_광기 어린 고통의 역사, 이제 중단되어야 할 "개 전기 도살""을 참고(blog.naver.com/animalkara/222433868274).

32 위 게시 글.

33 검사의 약식명령 청구에 따라 법원은 A에게 벌금 100만 원을 발령했지만, A가 이에 불복하고 정식 재판을 청구함으로써 지난한 재판 과정이 이어졌다.

34 www.oie.int/fileadmin/Home/eng/Health_standards/tahc/current/chapitre_aw_stray_dog.pdf(OIE-Terrestrial Animal Health Code-Chapter 7. 7. Article 7. 7. 6의 11. Euthanasia Table 1. Summary analysis of methods for the euthanasia of dogs : 세계동물보건기구 육상동물 건강법 챕터 7. 7의 7. 7. 6조 11항 안락사 부분 참조).

35 "도살장 없다는 모란시장, 개 196마리 불법 도살했다", 《한국일보》 2021년 7월 9일 자.

36 유제범·편지은, "타이완의 개 식용 금지와 관련한 〈동물보호법〉 개정의 주요 내용과 시사점", 《외국입법 동향과 분석》, 국회입법조사처, 2020년 7월 22일 참조.

37 한정애 의원이 대표 발의한 동물보호법 일부개정법률안(의안번호 2107035)이 현재 제21대 국회에 계류 중이다. 과거 제20대 국회에서도 표창원 의원이 관련 법안을 발의한 바 있다.

38 동물보호법 제10조 제1항 제4호는 "그밖에 사람의 생명·신체에 대한 직접적인 위협이나 재산상의 피해 방지 등 농림축산식품부령으로 정하는 정당한 사유 없이 동물을 죽음에 이르게 하는 행위"를 동물 학대 행위의 하나로 규정하고 있는데, 개정된 농림축산식품부령은 위 "정당한 사유"에 관하여 ① 사람의 생명·신체에 대한 직접적인 위협이나 재산상의 피해를 방지하기 위하여 다른 방법이 없는 경우, ② 허가, 면허 등에 따른 행위를 하는 경우, ③ 동물의 처리에 관한 명령, 처분 등을 이행하기 위한 경우로 한정하고 있어 개 도살은 이에 해당할 여지가 없습니다.

동물에게 다정한 법

초판 1쇄 발행 2022년 6월 10일
초판 2쇄 발행 2022년 9월 5일
초판 3쇄 발행 2023년 5월 10일

지은이 | 동변(동물의 권리를 옹호하는 변호사들)
펴낸곳 | (주)태학사
등록 | 제406-2020-000008호
주소 | 경기도 파주시 광인사길 217
전화 | 031-955-7580
전송 | 031-955-0910
전자우편 | thspub@daum.net
홈페이지 | www.thaehaksa.com

편집 | 조윤형 여미숙 김선정
디자인 | 이영아
마케팅 | 김일신
경영지원 | 김영지

값 13,500원
ISBN 979-11-6810-068-8 03330

도서출판 날은 (주)태학사의 인문·에세이 브랜드입니다.

책임편집 여미숙
디자인 최성경